Publication réalisée avec le soutien de :

ISTITUTO ACTON

(Rome - *istitutoacton@acton.org)*

Antoine de Padou POODA

ÉTAT DE DROIT ET ÉCONOMIE EN AFRIQUE FRANCOPHONE À L'AUNE DU DON

LE TIERS-PARADIGME PEUT-IL SAUVER LE TIERS-MONDE ?

L'Harmattan Italia
via Degli Artisti 15
10124 Torino

L'Harmattan
5-7 rue de l'École Polytechnique
75005 Paris

Structures éditoriales du groupe L'Harmattan

L'Harmattan Italie
Via degli Artisti, 15
10124 Torino
harmattan.italia@gmail.com

L'Harmattan Hongrie
Kossuth l. u. 14-16.
1053 Budapest
harmattan@harmattan.hu

L'Harmattan Sénégal
10 VDN en face Mermoz
BP 45034 Dakar-Fann
senharmattan@gmail.com

L'Harmattan Cameroun
TSINGA/FECAFOOT
BP 11486 Yaoundé
inkoukam@gmail.com

L'Harmattan Burkina Faso
Achille Somé
tengnule@hotmail.fr

L'Harmattan Guinée
Almamya, rue KA 028 OKB Agency
BP 3470 Conakry
harmattanguinee@yahoo.fr

L'Harmattan RDC
185, avenue Nyangwe Commune
de Lingwala – Kinshasa
matangilamusadila@yahoo.fr

L'Harmattan Congo
67, boulevard Denis-Sassou-N'Guesso
BP 2874 Brazzaville
harmattan.congo@yahoo.fr

L'Harmattan Mali
ACI 2000 - Immeuble Mgr Jean Marie Cissé
Bureau 10
BP 145 Bamako-Mali
mali@harmattan.fr

L'Harmattan Togo
Djidjole – Lomé
Maison Amela
face EPP BATOME
ddamela@aol.com

L'Harmattan Côte d'Ivoire
Résidence Karl – Cité des Arts
Abidjan-Cocody
03 BP 1588 Abidjan
espace_harmattan.ci@hotmail.fr

Nos librairies en France

Librairie internationale
16, rue des Écoles
75005 Paris
librairie.internationale@harmattan.fr
01 40 46 79 11
www.librairieharmattan.com

Librairie des savoirs
21, rue des Écoles
75005 Paris
librairie.sh@harmattan.fr
01 46 34 13 71
www.librairieharmattansh.com

Librairie Le Lucernaire
53, rue Notre-Dame-des-Champs
75006 Paris
librairie@lucernaire.fr
01 42 22 67 13

harmattan.italia@gmail.com

www.editions-harmattan.fr

ISBN (ITALIA) 978-88-7892-462-8 / ISBN (FRANCE) 978-2-14-035044-3

SOMMAIRE

INTRODUCTION GÉNÉRALE

L'expression « TIERS-MONDE » (que nous estimons surannée) devrait disparaître du lexique postmoderne, parce qu'elle est dépréciative et dédaigneuse. Mais, nous gageons que le tiers-mondisme comme système subsisterait et persisterait dans les relations internationales et dans les esprits, même si on réussissait à l'éluder dans notre langage courant, qu'il soit oral ou écrit. À défaut d'une disparition de ce système, nous souhaitons une substitution de cette expression malheureuse par une terminologie un peu plus respectueuse. En attendant et à notre corps défendant, nous l'utilisons délibérément en guise de provocation pour inciter à l'invention d'une nouvelle nomenclature plus digne de ces Nations arbitrairement qualifiées de tiers-mondistes. Les pays africains, et surtout ceux francophones dont nous parlerons dans notre essai, sont classés dans cette sombre rubrique.

Sans être ni (afro)pessimiste ni (afro-)optimiste, mais plutôt de tendance afro-réaliste et panafricaniste pour ce qui est de la souveraineté des Nations, de l'interdépendance et de la solidarité entre les peuples, nous sommes conscients que l'état des lieux révèle que les États francophones africains sont dans tous leurs états. Une épidémie de coup d'État et une ébullition sociopolitique est en cours dans les ex-colonies de la France en Afrique. La crise plurielle et multisectorielle provoque des mutations dans l'ordre international et exige une reconstruction et même déconstruction des États-Nations. Les crises sécuritaire, humanitaire et sanitaire (covid-19), écologique et migratoire n'en finissent pas de mettre à nu les dysfonctionnements de nos systèmes politiques et économiques, entre autres. À l'aune du don appelé aussi tiers paradigme, nous voudrions problématiser l'économie et le/la politique en Afrique francophone contemporaine, convaincu avec J.T. Godbout que les trois principales sphères de l'exercice du don sont le marché, l'État et la famille[1] : ainsi, en matière d'économie et d'État de droit, où en sont les pays francophones ? Qu'est-ce qui fonctionne et qu'est-ce qui dysfonctionne ? Qu'est-ce qui plombe les élans et fait écran aux aspirations des peuples ?

Pour ce qui relève du/de la politique, le postulat d'un discours sur l'État de droit est avant tout l'existence de l'État. Or dans nombre de nos pays francophones, l'État agonise et n'existe que de nom. Même s'il existe et ne joue pas pleinement son rôle, « certains groupes économiques peuvent apparaître comme des bienfaiteurs et s'approprier le pouvoir réel, se sentant autorisés à ne pas respecter certaines normes, jusqu'à donner lieu à diverses formes de criminalité organisée, de traite de personnes, de narcotrafic, et de violence, très difficiles à éradiquer »[2]. Malheureusement, la triste réalité est que l'État brille par son absence tant les structures étatiques ont déserté certains lieux. Et quand l'ombre ou le fantôme de cet État apparaît, c'est pour exiger des citoyens ses droits sans avoir au préalable accompli ses devoirs envers eux. Évidemment ces manœuvres arbitraires aux relents despotiques qui bafouent les libertés individuelles réussissent puisque la plupart des citoyens, privés d'une éducation civique de base, ignorent leurs droits et devoirs. Dans un tel contexte d'analphabétisme chronique, comment est-elle recevable la maxime « Nul n'est censé ignorer la loi » ? Que l'incivisme devienne endémique dans nos pays francophones, cela s'entend. Par ailleurs, peut-on parler de l'État de droit dans nos pays où certains gouvernants sont passés experts dans l'art de tripatouiller les constitutions pour s'éterniser au pouvoir ? Peut-on accéder à la magistrature suprême par un *hold-up* électoral ou un putsch miliaire et prétendre incarner l'État de droit ? Et puis, peut-on poser les fondements d'un État de droit qui n'aille pas de pair avec l'État-Nation ?

En matière d'économie, le marché entrepreneurial qui comprend les grandes, moyennes et petites entreprises, ne repose pas exclusivement sur des ressources matérielles et financières abondantes et ne saurait être la chasse gardée d'une élite oligarchique. Celui qui est économiquement pauvre peut et doit pouvoir entreprendre pour se réaliser en faisant preuve d'inventivité et d'ingéniosité, en conjuguant idées et pragmatisme. Du reste, nous croyons que la racine de la pauvreté se trouve plus dans la carence des bonnes idées que dans le manque de ressources. Quand bien même les idées lumineuses y sont, le courage d'entreprendre et de les mettre en œuvre fait défaut, car le paradoxe de nos pays (francophones) c'est d'être économiquement pauvres alors qu'ils regorgent d'immenses richesses inexploitées ou mal gérées. Il nous semble important et urgent d'entrer dans cette culture de l'entreprenariat qui active le sens de la créativité et de la perspicacité dans les initiatives de développement.

Comment construire l'État-Nation et performer en économie dans des pays instables et insécurisés où les conflits armés constituent une grosse entreprise, un vrai business qui, paradoxalement, crée de sales et basses besognes, promeut le marché des armes et le trafic des stupéfiants ? Il va sans dire que la florissante industrie de la guerre est l'une des équations à la fois complexes, transversales et récurrentes dans les pays francophones. Au risque de nous tromper, nous croyons que dans la cartographie des conflits armés, le monde francophone est tristement bien loti. De l'Afrique septentrionale jusqu'en sa partie occidentale, en passant par l'Afrique centrale, en Haïti dans les Amériques et le Liban en Asie, les tendances agonistiques et les forces antagonistes sont très actives. Quel peut être l'avenir ou devenir de l'État de droit et de l'économie dans une atmosphère conflictogène et belligène ? En tout état de cause, le terrorisme, le grand banditisme et les conflits armés n'augurent rien de bon pour l'État de droit car ces pratiques sont sans foi ni loi ; elles n'apportent rien de bon au marché et à l'entrepreneuriat parce que plus budgétivores que générateurs de revenus. La paix est à la fois condition et résultat de l'État de droit, d'une économie libre et vertueuse.

En outre, peut-on parler de système politique et de modèle économique en faisant abstraction des schèmes culturels africains ? Il nous semble que l'apposition et même l'opposition des paradigmes postmodernes et traditionnels africains en la matière explique partiellement les dysfonctionnements dans les pays francophones. À titre d'exemple, jadis lieu de socialisation et d'échanges équitables, le marché est devenu une jungle où l'axiomatique du gain pousse les riches à plumer et à dévorer les plus pauvres. Il urge alors une humanisation, une moralisation et une déprédation du marché quand on sait que 14 pays francophones de l'Afrique subsaharienne ne sont pas les protagonistes de leur gouvernance monétaire parce qu'ils sont encore sous le joug du Franc CFA. Aussi, l'entreprenariat en mode solitaire et capitaliste peut-il réussir dans un contexte où la solidarité est le *modus vivendi* des peuples ? Ou bien comment l'État de droit peut harmoniser le bien commun et les libertés individuelles dans une Afrique francophone où la devise est « *Ubuntu* » (Je suis parce que nous sommes) ? À notre sens, il ne suffira pas seulement de décoloniser la pensée africaine, mais de la déconstruire (cf. J. Derrida) pour la reconstruire, en pensant avec notre propre tête au lieu de réfléchir par procuration. Le paradigme du don ou de la relationnalité en ballotage entre l'individualisme méthodologique de l'*homo economicus* et l'holisme normatif pourrait nous y aider, parce qu'elle promeut « l'obligation de liberté et l'inconditionnelle condition » (A. Caillé) entre l'État et l'entrepreneur dans une dynamique d'interdépendance aussi bien vertueuse que fructueuse. C'est la condition *sine qua non* pour éradiquer la pauvreté économique dans le monde francophone et remettre les États en bon état pour un développement humain intégral. Réaffirmons-le : le don sauvera le monde à condition que l'humanité sauve le don. Dans une quadruple démarche, nous essayerons d'étayer notre prémisse : *in primis*, nous présenterons succinctement le tiers paradigme ou le don comme relation ; ensuite nous traiterons de l'État de droit à la lumière de l'holisme normatif ; suivra un regard critique sur l'économie en Afrique francophone à travers le prisme axiomatique du profit ; enfin il sera question de la paix comme garant, synonyme et condition du bien commun.

CHAPITRE I
LE TIERS PARADIGME OU LE DON COMME RELATION

Le don : un concept polysémique et polyvalent

Dans son acception sociologique, le don se définit comme « toute prestation de biens ou de services effectuée, sans garantie de retour, en vue de créer, d'entretenir ou régénérer le lien social. Dans la relation de don, le lien importe plus que le bien »[3] . Pour A. Testart qui s'appuie sur l'étymologie du vocable, le concept du don dérive de deux verbes latins : *donare* = offrir un cadeau, un don, et *dare* = l'action de transférer volontairement ou de faire passer quelque chose qui nous appartient à quelqu'un capable de le recevoir[4]. Dans ce transfert, précise M. Godelier, le donneur ou donateur ainsi que le récepteur ou bénéficiaire peut être un individu ou un groupe de personnes. Le don est donc un acte volontaire, individuel ou collectif, demandé ou non par le ou les bénéficiaires[5]. La notion de réciprocité entre dans la définition du don, comme le souligne cette autre approche de C. Fumagalli :

> Le langage courant indique habituellement par « don » le geste par lequel une personne transmet un bien à une autre sans rien réclamer en échange. Mais on remarque cependant, universellement, qu'à un don succède normalement l'échange d'un autre don, le « contre don » apparemment non-dû tout comme le don antérieur, mais compris par les deux acteurs comme constituant une réponse appropriée à celui-ci. Une symétrie différée naît ainsi d'une asymétrie initiale ; de là proviennent de nombreuses relations qui structurent nos communautés sociales[6].

En nous basant sur les différentes approches définitionnelles abordées plus haut, on peut relever que le don s'articule et se structure autour d'une anatomie dynamique. Ses trois éléments constitutifs sont : un *tradens* A ou donateur (personne ou groupe de personnes), un *quantum* ou *datum* B qui est la chose donnée ou le service rendu, et *tertio* un *recipiens/l'accipiens* ou donataire C (individu ou collectivité) qui reçoit le don[7]. Évidemment l'objet B peut être abusivement et isolément appelé don ; mais ce qui fait de lui un don, c'est la relation qui le relie au donateur A et au donataire C.

Entre le donateur et le donataire, il existe un lien que M. Mauss appelle *nexum*. Ce lien est unique, mais composé d'une triple obligation : donner, recevoir et rendre[8]. C'est justement en vertu de sa faculté d'*ob-ligare*, c'est-à-dire de lier A qui donne, B qui est donné et C qui reçoit que le don est considéré essentiellement comme un lien, une relation : « La force qui pousse à rendre est celle de l'obligation, quelle que soit sa nature, sociale, juridique ou seulement morale »[9]. Ce caractère obligataire provoque le contre-don et incite à la réciprocité. Désignant à la fois l'acte et son contenu, les trois séquences obligataires sont indissolubles tant et si bien qu'on peut parler d'incomplétude et d'invalidité du don quand une des obligations venait à faire défaut.

Pour A. Caillé, disciple et héritier de M. Mauss, les systèmes économiques et politiques des sociétés anciennes, modernes et postmodernes sont construits sur cette triple obligation[10] socioanthropologique (donner, recevoir, rendre). En d'autres termes, les communautés et les relations humaines se fondent sur le don dont le caractère est polyvalent, polymorphe et polysémique. La matière ou le contenu du don est multiforme en général. Il peut s'agir d'un *datum* matériel ou économique, moral, sentimental, spirituel ou personnel. En somme, le *quantum* donnable ou donné déborde largement le matériel pour devenir tout ce dont le partage est possible, y compris même la personnalité du donneur, car en donnant, on se donne, on donne une portion de soi-même[11]. Le don serait vivant et mis en mouvement par un esprit, animé par un tiers énigmatique et peut-être mystique que M. Mauss appelle *hau* en langage polynésien[12]. C'est pourquoi « à la place de la force des droits, il [Mauss] a vu la force d'un esprit, d'une âme qui habite la chose »[13]. Le contenu du don dans son ensemble est ambivalent en ce sens qu'un don peut être positif ou négatif, bénéfique ou maléfique. Dans les prochaines pages, nous reviendrons sur ces aspects énigmatiques du don.

D'ores et déjà, notons aussi que, une fois donné, le don suit un circuit et trace une trajectoire (*keda* en polynésien) qui n'est ni physique ni spatial, mais humain et social ; il crée une sorte de route ou de chaîne invisible dans la relation qui lie le donneur à la chose donnée et à celui qui reçoit. Le cycle du don peut être réciproque entre le donneur et le receveur ou circulaire quand l'un donne, l'autre reçoit et transmet le *datum* à une troisième personne et ainsi de suite... En tout état de cause, le don vertueux a une certaine déontologie axée entre autres sur la gratuité, la liberté, la charité (agapique).

Le don comme système de prestations totales

Au regard des mécanismes du donner, recevoir et rendre qui se déploie dans la *kula* polynésienne et le *potlatch* amérindien, M. Mauss en arrive à la conclusion que ce sont là deux systèmes de prestations totales apparentées où se jouent antagonisme (*potlatch*) et protagonisme(*kula*) : « Il y a prestation totale en ce sens que c'est bien tout le clan qui contracte pour tous, pour tout ce qu'il possède et pour tout ce qu'il fait, par l'intermédiaire de son chef »[14]. La totalité des prestations s'étend aussi au fait que l'individu et le groupe, l'obligation et la liberté, le matériel et l'immatériel, la compétition et l'interaction, le/la politique et le marché y entrent en ligne de compte. C'est ici le lieu d'affirmer que le don est systémique et holistique. En témoigne sa typologie : horizontal, le don est politique parce qu'il crée des liens entre pairs (ennemis ou amis) ; vertical, il est un don politico-religieux qui relie les êtres visibles (personne humaine) et invisibles (numineux, Dieu) ; transversal ou intergénérationnel, c'est le type de don qui circule entre les générations[15] ; environnemental, le don permet à la nature/création et à l'humanité d'entretenir des relations d'interdépendance. Ces différentes relations correspondent aux dimensions et besoins multiformes d'un type d'homme et de société complexes qui nécessitent un développement intègre et intégral. Pour tout dire, en tant que relation constitutive des individualités et des collectivités, le don « ouvre la voie pour une intelligibilité paradigmatique des relations et des projets qui les accompagnent, à la fois obligés et libres, transcendants et immanents »[16]. Cette idée de phénomène total social nous introduit dans le concept d'*embeddedness*.

L'*embeddedness*, théorie de l'enchâssement, d'encastrement ou d'imbrication de Karl Polanyi est incontournable dans la promotion humaine totale ou développement humain intégral. L'*embeddedness* stipule que « dans les sociétés archaïques et dans les grands empires prémodernes, [...], l'économique restait encastré (*embedded*) dans le rapport social d'ensemble au point d'en être à peine discernable[17] ». A. Caillé nous aide à mieux appréhender ce concept de l'interdisciplinarité à travers cette illustration : à titre d'hypothèse, il définit quatre ordres de l'action sociale que seraient l'ordre économique (E) fondé sur la valeur des biens, l'ordre politique (P) basé sur la gestion du pouvoir, l'ordre social qui s'appuie sur la valeur des personnes, et enfin l'ordre culturel (C) axé sur la question des valeurs qu'elles partagent[18]. Entre ces ordres, il y a une telle symbiose et osmose, qu'il est difficile de les envisager isolément sans interdépendance réciproque. En langage de don, la théorie de l'*embbededness* exhorte à un développement qui brasse et embrasse objectivité et subjectivité dans une perspective intégrale et holistique qui, sans négliger aucune dimension de la personne humaine, évite aussi de la noyer dans un ensemble social confusément disharmonieux. R.D. Lupton nous le rappelle :

> La transformation des communautés et des gens qui y vivent est un processus stimulant aux multiples facettes. Des programmes ayant un seul agenda sont purement incompétents à réaliser cette tâche. Mettre en œuvre et développer un plan holistique qui va remettre sur pied un quartier en dégradation requiert une multiplicité d'acteurs (privés, publics, religieux et séculiers) avec plusieurs sources de financement. Cela demande une vision partagée et davantage de coordination[19].

L'expert en développement et encore plus le héraut du Règne de Dieu ne saurait négliger aucun secteur de la vie de l'homme. Il s'agit de tendre plutôt vers une approche pluridisciplinaire et systémique, complexe et globale de la personne humaine et du monde actuel dans l'action et la pratique du don, convaincus qu'un projet de développement sectoriel et partiel ne résout ni durablement ni définitivement la question de la pauvreté. Il doit être multisectoriel, ouvert à l'éventail des nécessités physiques, émotionnelles, spirituelles, relationnelles, etc. de l'être humain et de son cadre global de vie[20].

La notion d'*embbededness* que nous suggère le don comme système de prestation totale nous aide à dépasser la dichotomie entre le sacré et le profane, l'utile et l'utilitaire, ainsi que la juxtaposition, l'apposition et l'opposition entre les secteurs vitaux, essentiels et existentiels de la société et de la personne humaine. Il faut, à la suite de M. Mauss prendre en considération une vision ample et symbolique de la totalité sociale et de la réalité humaine en insistant sur cette « étroite imbrication de l'utilitaire et du symbolique, de l'intérêt et du désintéressement »[21]. Faut-il rappeler qu'en cherchant à élucider la question : « Quelle est la règle de droit et d'intérêt qui, dans les sociétés de type arriéré ou archaïque, fait que le présent reçu est obligatoirement rendu ? Quelle force y-a-t-il dans la chose qu'on donne qui fait que le donataire la rend ? »[22], Mauss insinuait déjà l'imbrication de l'économie et de l'État de droit ? À en croire F. Weber, l'ethnologue français M. Mauss, dans son essai sur le don, « effectue une critique théorique de la conception naturaliste du marché et une critique politique de la conception charitable de l'assistance sociale, dans une période marquée par l'ébranlement du consensus entre sociologues, philanthropes et mouvement ouvrier qui avait permis au tournant du XXe siècle, la naissance des premières lois sociales »[23]. Encore une motivation qui nous conforte dans notre essai de passer au crible du don l'économie et la politique en Afrique francophone.

La réciprocité du don : leurre ou réalité ?

Dans son *Essai sur le don*, M. Mauss montre comment la circularité du don et la réciprocité du contre-don n'institue pas un mode exceptionnel de rapport à l'autre dans les sociétés primitives, mais constitue plutôt la forme originaire de toutes les relations, même actuelles, aussi bien amicales et solidaires que conflictuelles. La contrepartie ou la compensation exigée ou non est l'expression de cette réciprocité et que A. Testart utilise comme critère de classification de trois types de dons : la première catégorie est celle des dons à contrepartie centrale et imposée dans laquelle le donateur vise son intérêt (pots-de-vin, troc ou commerce) ; la seconde catégorie est celle des dons de sociabilité sans contrepartie centrale ou imposée (Noël, anniversaire, etc.) pour conserver une amitié, un honneur, un prestige ; le troisième type est celui des dons de charité ou des œuvres de philanthropie, des dons associatifs dans lesquels la rémunération est quasiment absente.

Dans les deux dernières catégories, une compensation qui n'est ni requise ni attendue peut intervenir (voir, par exemple, le cas de la réciprocité des cadeaux au donateur à l'occasion de son anniversaire ; la décoration ou reconnaissance publique à ceux qui travaillent gratuitement dans la sphère sociale ; etc.)[24].

Dans l'échange, cette réciprocité est plus perceptible et évidente. Mais qu'est-ce que l'échange ? Dans son acception économique, l'échange est la cession d'un bien moyennant une contrepartie. Dans un sens linguistique, il est une communication réciproque entre plusieurs interlocuteurs, qui consiste à adresser et à recevoir en retour par exemple paroles, sourires, politesses, coups. En termes biologiques – et c'est le troisième sens – l'échange est un passage bidirectionnel et bilatéral, une circulation de substances entre la cellule et le milieu extérieur[25]. Respectivement à ces trois sens correspondent une réciprocité institutionnelle (économie), une réciprocité intentionnelle (linguistique) et une réciprocité simple (biologie)[26]. Le dénominateur commun à ces trois formes d'échange est donc la mutualité[27], qu'il s'agisse d'échange marchand dans lequel les rapports entre les hommes tendent à se dépersonnaliser, ou d'échange non marchand où les relations humaines ont tendance à se surpersonnaliser[28].

Liée au concept de réciprocité se profile dans les différentes définitions de l'échange une notion commune qu'est la contrepartie non seulement nécessaire ou demandée, mais exigible, obligatoire et essentielle. La contrepartie, en tant que bien rendu en retour de celui reçu dans un précédent transfert, est non seulement la condition de l'échange, mais aussi son moyen et même sa fin puisque « je donne pour que tu me donnes » (*do ut des*), à tel point qu'à défaut d'elle, l'échange n'existe pas[29]. En termes de causalité, disons avec Testart que :

> Dans l'échange, l'obligation de l'autre est la cause de l'obligation de l'un ; le contre-transfert est la cause du transfert ; la contrepartie est la cause de l'échange, au sens où la remise de cette contrepartie oblige celui qui la reçoit à remettre également un bien. Comme tout est réciproque, tout ce qui est cause est en même temps effet[30].

Et plus loin, notre auteur ajoutera que l'obtention de la contrepartie est la cause, le motif immédiat et le but de l'échange : « Car dans l'échange, on ne cède un bien que contre un autre, pour obtenir cet autre bien. La contrepartie est la condition, la cause et la fin de l'échange[31] ». Dans le don, en revanche, fait noter Testart, la contrepartie n'est pas nécessaire, car elle n'en est ni la condition, ni le moyen, ni la fin ; mais elle peut être attendue. On peut donc en déduire qu'il n'y a ni antinomie ni dichotomie absolue entre le don et l'échange[32]. On échange des dons et on donne dans les échanges.

Pour J. Derrida le déconstructeur français, en revanche, il y a incompatibilité entre le don et l'échange. Il distingue les deux « dans le but de déterminer quelles sont les « conditions de possibilité » (ou d'impossibilité) [...] d'un *donum* qui ne se réduit pas au *donner* structuré par l'attente d'un « recevoir », mais un « donner » défini par un *faire don* sans réciprocité et sans retour[33]». L'école derridienne affirme qu'il existe un don pur, radicalement différent de l'échange : c'est quand le donateur ne sait pas qu'il donne et quand le donataire n'est pas conscient qu'il ait reçu un don. Dès que la chose apparaît à l'un ou à l'autre comme un don, il n'en est plus un.

> Si l'autre le perçoit, s'il le regarde comme don, le don s'annule. Mais celui qui donne ne doit pas le voir ou le savoir non plus, sans quoi il commence, dès le seuil, dès qu'il a l'intention de donner, à se payer d'une reconnaissance symbolique, à se féliciter, à s'approuver, à se gratifier, à se congratuler, à se rendre symboliquement la valeur de ce qu'il vient de donner, de ce qu'il croit avoir donné, de ce qu'il s'apprête à donner[34].

Dans le concept derridien du don pur, le donneur comme le bénéficiaire doit savoir que le don exige oubli, non-retour et ne doit pas être « retenu comme symbole d'un sacrifice, comme symbolique en général. Car le symbole engage immédiatement dans la restitution[35] ». Position irréaliste et idyllique ? En tout cas, il nous semble qu'une telle conception priverait le don de son essence qu'est le lien social, parce qu'il oublie « que tout est échange dans l'être de l'homme et que c'est en partant de la nécessité de l'échange que l'on comprend le fonctionnement des sociétés »[36].

Nous pensons avec S. Petrosino qu'une absence pure de rapport dénaturerait le don, car il est essentiellement lien[37]. Qui plus est, en termes marchands, le don est connaturel à l'échange, parce qu'il existe pour « être échangé par un « dû » ou par un « prêt », et donc par quelque chose qui, nécessairement, ne peut se mouvoir qu'à l'intérieur de la circularité économique »[38]. Cela dit, il convient de distinguer sans séparer le don de l'échange en vertu du lien très fort qu'il y a entre eux[39] ; mais le don n'est pas l'échange parce qu'il est asymétrique, inconditionnel et sans réciprocité exigée[40].

À cette étape de notre parcours, pourrait entrer dans le champ lexical du don le concept de transfert qui semble concilier et réconcilier le don derridien exempt de toute symétrie exigible et l'échange nécessitant une contrepartie exigible. Mais, comment transfère-t-on en général ? Le transfert est le fait qu'un bien quelconque passe d'un sujet social A à un autre B, « et cela, quelle que soit la façon dont il passe, pourvu que cette façon soit considérée comme légitime par la société »[41]. A. Testart distingue trois types de transfert : le transfert comme don qui n'est pas exigible et dont la contrepartie ne l'est pas non plus. Ce premier type pourrait se rapprocher du don derridien, du fait que la réciprocité n'y est pas obligée. Le deuxième est une forme d'échange bilatérale dont la contrepartie est exigée de part et d'autre. Enfin, le « transfert du troisième type » ou « t3t » est exigible sans qu'aucune contrepartie ne le soit.[42] C'est un dédommagement obligé ou une réparation due à une faute ou à une responsabilité. Un cas typique du « t3t » est la dot dont l'étymologie et la pratique s'apparenteraient au don, à en croire A. Testart[43]. Toutefois, les transferts du troisième type sont irréductibles au don comme à l'échange. L'un est différent de l'autre : « le don n'est pas exigible, pas plus que le contre-don, chacun des transferts de l'échange est exigible, le dédommagement est exigible, sans qu'aucun contre-transfert soit exigible »[44].

Pour clore notre paragraphe sur l'échange dans son rapport avec le don et la réciprocité, retenons ceci : le premier « consiste en deux cessions dont chacune est la cause et la fin de l'autre, impliquant pour chacun des échangistes des obligations exigibles, le don consiste en une cession sans que le cédant n'ait d'obligation exigible de la faire, et sans qu'il en acquière sur le bénéficiaire »[45]. C'est donc l'exigibilité de la réciprocité qui fait la différence entre les deux. Hormis cette mutualité exigée, les deux concepts ou pratiques ne souffrent d'aucun antagonisme, d'autant plus qu'un même fait social ou sociétal peut très bien harmoniser le don et l'échange.

À titre d'exemple, « La loi du marché n'ignore pas le don : c'est un argument de vente vieux comme le monde »[46]. Dans la même ligne de pensée, J. Godbout ajoutera que « le don est présent dans le marché pour les mêmes raisons qu'en dehors du marché. Or, pour remplir cette mission et atteindre ses objectifs, le don a ses règles à lui, qui contredisent les règles marchandes : absence d'équivalence, personnalisation, sentiment chez le receveur que le don a été fait pour lui et non en vue d'un échange »[47]. À notre avis, l'idée de la présence du don en régime marchand et non marchand est recevable. Quant aux raisons qui le motivent dans l'un et l'autre cas, nous pensons qu'elles diffèrent, car quelle que soit sa forme ou sa nature le don en business est toujours intéressé. Ce qui n'est pas toujours le cas dans le don en dehors du marché. Dans un bonus ou une remise sur une marchandise, l'intentionnalité larvée est un intérêt bien calculé, tel que s'attirer la clientèle ou la fidéliser. En tout état de cause, la réciprocité est inhérente au don comme à l'échange.

Le caractère aporétique ou énigmatique du don[48]

Disserter sur le don comme paradigme susceptible de sauver le tiers monde ne signifie pas que le don est une potion magique sans effets néfastes.

En effet, « le don n'est ni bon ni mauvais en soi, ni partout souhaitable. Tout dépend du contexte de la relation qui lui donne un sens [...]. On n'a, par exemple, aucun intérêt à accepter un don de quelqu'un dont on veut demeurer indépendant »[49]. Qui plus est, « les effets négatifs du don peuvent certes se situer aux trois moments du cycle distingué par M. Mauss. Le donneur peut se faire avoir. Le donneur peut utiliser le don à des fins illégitimes. Son don peut être mal reçu, et même non reçu »[50].

Les apories du don sont nombreuses. En effet, on donne « des biens, mais aussi des maux, des mots, des paroles, des injures, des blessures, la mort, des ensorcellements, des envoûtements ou des vengeances. Pas seulement de l'amour ou de l'amitié, mais aussi de la haine et du ressentiment »[51]. Tout se tient donc et se confond dans le don : présents et bienfaits, méfaits et gages d'amitié, sœurs ou épouses, enfants, chansons, poèmes, rêves, objets précieux ou luxueux, sentiments et ressentiments, vie et mort, injures et blessures, vengeances et pardon,[52] titres, talismans, cuivres, esprits des chefs, formules de respect et de politesse, etc. Le don est à la fois libre et obligé ; il peut lier le donateur et le donataire dans un double rapport de solidarité ou de supériorité, d'égalité ou de partenariat, de rapprochement ou d'éloignement, de pardon ou de vengeance, de paix ou de guerre[53]; le don peut être un bien ou un bienfait qui guérit et apaise, comme il peut aussi être un poison ou un méfait qui nuit et tue[54]. C'est donc à juste titre que l'on considère le don comme un *farmacos*, c'est-à-dire un remède à certains maux avec des effets collatéraux pervers. D'où l'importance de préciser qu'il s'agit ici du don agapique, évangélique ou vertueux qui promeut liberté, confiance, dignité, charité, gratuité, etc. Le caractère ambivalent et énigmatique du don a fait dire à A. Caillé que :

Quelle que soit l'entrée empruntée, jusqu'à présent la voie du don s'est révélée semée d'embûches et, au bout du compte, impraticable. Munificente, elle n'aboutit qu'à l'orgueil ou au narcissisme infantile. Humble, elle ouvre sur les énigmes de l'élection divine et de la récompense *post mortem* accordée au don d'amour charitable. Calculée, calculante, calculatoire, elle ne débouche que sur le calcul, jamais sur le don. Pourtant, notions-nous, aucune société ne peut s'instituer sans faire sa part au don, à la générosité et à l'inconditionnalité, et même la société moderne, qui s'est bâtie sur son expulsion hors de la sphère publique et sur son confinement dans le domaine des affaires privées, le voit faire retour de toutes parts[55].

L'énigme du tiers paradigme réside peut-être dans le fait qu'il ambitionne de faire une synthèse dynamique de la thèse de l'individualisme méthodologique et de son antithèse qu'est la totalité sociale : pris séparément, chacun de ces deux paradigmes pèche par sa tendance monodimensionnelle et réductionniste, l'axiomatique du profit réduisant tout à l'intérêt et l'holisme normatif ramenant tout à l'obligation. Le tiers paradigme se veut pluridimensionnel et interdépendantiste en essayant de concilier les deux tendances en dépit des paradoxes qu'elles présentent. Ainsi les trois obligations du don deviennent-elles une obligation de liberté tandis que l'action elle-même, dans toute sa complexité et sa propriété devient à la fois intéressée et désintéressée[56]. Rappelons avec A. Caillé que :

> Le paradigme du don ne nie l'existence d'aucun de ces deux moments, de l'individualité ou de la totalité, mais il refuse de les prendre comme des données. Partant de l'interrelation généralisée entre les personnes, et se demandant comment s'engendrent, concrètement et historiquement, les deux moments opposés – celui de l'individualité et celui de la totalité – le paradigme du don fait de ce dernier (du symbole, du

politique) l'opérateur privilégié, ou pour dire mieux, spécifique, de la création du lien social[57].

D'ailleurs, l'exclusivisme réciproque et l'antagonisme classique entre l'holisme et l'individualisme sont inutiles et donc à bannir, car « la totalité sociale ne préexiste pas plus aux individus que l'inverse, pour la bonne raison que les uns et les autres, comme leur position respective, s'engendre incessamment par l'ensemble des interrelations et des interdépendances qui les lient »[58]. Ce qui importe donc au paradigme du don, ce n'est pas son caractère paradoxal, mais le lien social à ne pas analyser uniquement ni en aval, c'est-à-dire depuis les monades isolées et séparées, ni exclusivement en amont non plus à partir de la totalité sociale, mais horizontalement sur la base des rapports interactifs entre les individus[59]. Le modèle du don se présente alors comme un système d'action ordonné au lien social et à la solidarité, « un paradigme interdépendantiste, à la fois alternatif et complémentaire aux deux paradigmes[60] ». Il permet de résoudre l'équation complexe du rapport entre l'identité du « moi » et l'altérité d'« autrui », de surmonter l'antithèse entre l'obligation et la liberté.

En conclusion, le gros défi que ce paradigme anti-utilitariste[61] a pour vocation et intention de révéler est de revaloriser le don – initial ou refait à maintes reprises – comme créateur, « moteur et performateur » par excellence du lien social, car c'est en donnant qu'on s'engage dans le « jeu de l'association et de l'alliance »[62]. A. Caillé est convaincu que les structures et les fonctions d'une part, les individus et leurs options d'autre part ne peuvent constituer séparément le soubassement de la société. Ce qui maintient et fait subsister celle-ci, ce sont les rapports généreux générés ou régénérés par le don à quelque niveau que ce soit de la sphère sociale : parents, connaissances, amis, partenaires ou alliés, etc.[63] L'ordre social est établi et garanti grâce au cycle du donner, recevoir et rendre des choses, des hommes, des services non pas dans une recherche effrénée et avide du profit, mais dans un esprit désintéressé[64]. On pourrait parler non seulement du don d'ubiquité, mais aussi de l'ubiquité et d'ambiguïté, d'universalité et de transversalité du don, vu qu'il est omniprésent et omnipotent, polysémique et polyvalent, négatif et positif, maléfique et bénéfique. Comme lien et bien, le don se déploie dans l'État et l'économie, faisant appel au concept de subsidiarité, solidarité, d'endettement mutuel positif[65], etc.

Avant d'entrer dans le vif du sujet, rappelons succinctement que la réception et l'interprétation de M. Mauss ont abouti à trois théories[66] : l'utilitarisme ou individualisme méthodologique, l'holisme normatif, enfin le tiers paradigme d'A. Caillé dans ses accointances avec l'interactionnisme, c'est-à-dire le relationnisme de Georg Simmel[67]. C'est dans le cadre de ces trois paradigmes ou modélisations du don que nous disserterons sur l'État de droit et l'économie.

CHAPITRE II

L'ÉTAT DE DROIT EN AFRIQUE FRANCOPHONE À TRAVERS LE PRISME DE L'HOLISME NORMATIF

Le lien entre l'État de droit et l'holisme normatif nous semble patent quand on sait que la règle de droit et les normes qui régissent la totalité sociale partagent le même champ sémantique. C'est fort de cela que A. Caillé a pu dire que « les communautés politiques sont d'abord des communautés de don »[68]. Pour lui, la catégorie du don est également celle du politique, le politique étant ce qui favorise la généralisation du don[69]. Essayons d'entrer dans l'intelligence de ce paradigme politique pour saisir ses accointances avec l'État de droit et l'État-Nation.

Intelligence et pertinence du paradigme de la totalité sociale

À propos la nécessité du droit ou des droits, on ne peut épiloguer. À ce propos d'ailleurs, le pape Jean-Paul II affirmait : « Les fondements d'un bon gouvernement doivent être établis sur la saine base de lois qui protègent les droits et définissent les devoirs des citoyens »[70]. Que serait en effet un monde sans normes, sans lois ? L'importance du droit et de la loi dans la société est donc indéniable. Par conséquent, des fonctions bien définies, des institutions fortes, des structures étatiques bien pensées et agencées, garantes de l'ordre social sont indispensables dans nos sociétés liquides en perte de repères.

Sans ces précautions pour baliser l'action individuelle et réguler le vivre ensemble, le monde serait une véritable jungle. Dans ce sens, le fonctionnalisme, le culturalisme, l'institutionnalisme ou le structuralisme, ramifications de la théorie de l'holisme normatif appelé aussi totalité sociale sont dignes d'intérêt. Aux antipodes de l'utilitarisme centré sur la satisfaction des intérêts égoïstes de l'individu et qui fait du don « une sorte d'achat des autres effectué en anticipation du don en retour »[71], l'holisme normatif stipule « que l'action des individus (ou groupes, classes, ordres, etc.) ne fait qu'exprimer ou actualiser une totalité *a priori*, qui lui préexiste, et qui apparaît ainsi à son tour comme seule réelle »[72]. Comme l'arbre ne doit pas cacher la forêt, l'individu est mis en position secondaire, assujetti et soumis à l'ensemble de la société et à ses normes. En d'autres termes, il est au second plan par rapport au groupe ou à la collectivité sociale perçue comme la seule réalité valable. Il n'est qu'un sujet soumis à la société et à ses normes, agissant en fonction de la communauté qui le précède, qui lui préexiste. Le fait que la totalité sociale affiche la préséance de la communauté par rapport à l'individu pourrait susciter un certain nombre d'interrogations. Quand bien même le dicton populaire affirme que l'arbre ne doit pas cacher la forêt, existe-t-il une forêt sans arbre(s) ? Qui fait ou constitue une société ? Une personne humaine existe-t-elle en dehors d'un groupe ? La subjectivité d'un individu s'oppose-t-elle vraiment à l'objectivité ou intersubjectivité de la réalité sociale ? Les droits individuels sont-ils absolument aux antipodes des droits collectifs ? N'y-a-t-il pas un échange, une interférence, une interdépendance entre la singularité individuelle et la collectivité en tant que communauté ?

La figure du sujet produite par l'holisme normatif apparaît comme trop soumise, servante, esclave de la société et de ses règles. La totalité sociale qui soumet exclusivement l'individu à une conformité parfois infantile, servile, passive et automatique aux normes sociales est dangereuse. Le péril réside dans la tentation de faire de la personne un objet manipulable à loisir et non un sujet responsable et participatif à l'édification du bien commun. Évidemment, l'intérêt général passe avant l'intérêt personnel. Mais, on ne saurait prétexter la raison de l'intérêt collectif pour priver les personnes de leur liberté et dignité. Elles sont non négociables et devraient pouvoir s'inscrire dans l'ensemble des droits/devoirs et libertés collectives. Des institutions fortes, certes, mais qui, loin de subjuguer la personne promeuvent et protègent sa liberté et sa dignité. En d'autres termes, les normes, les fonctions et les structures sociales sont importantes, mais elles seraient insuffisantes si elles ne contribuaient pas au renforcement et à l'assainissement des rapports entre la communauté et ses membres pris singulièrement. D'ailleurs, la relation n'est-elle pas au cœur de la définition du droit ?

Pour A. Caillé :

> Il serait d'autant plus tentant a priori de réduire le paradigme du don à ce deuxième paradigme que *1)* le don semble inconcevable en l'absence d'une règle de réciprocité qui lui préexiste et que la société doit faire respecter ; *2)* Mauss lui-même, dans le sillage de son oncle E. Durkheim insiste sur le caractère obligatoire du don – parler de triple obligation de donner, recevoir et rendre, c'est insister sur la dimension hiérarchiquement dominante de l'obligation sur le don lui-même [73].

En tout état de cause, M. Mauss a souvent été perçu comme un des précurseurs et pionniers chevronnés du structuralisme et on a eu tendance à lui coller un label fortement anti-individualiste[74].

Il faut dire que c'est une mésinterprétation de Mauss, car ce dernier n'est ni un individualiste pur, ni un holiste dur. La position de P. Bourdieu, sans être identique à celle de M. Mauss, permet tout de même de mieux la comprendre et de savoir que ce dernier est au-delà de la totalité sociale et de l'axiomatique utilitariste. Tout d'abord, Bourdieu se démarque des structuralistes classiques pour accorder une place de choix à l'échange des dons dans la réciprocité des relations. Comme en témoignent C. Papilloud et F. Adloff, ses réflexions sur l'économie des biens symboliques dénoncent « l'hypocrisie » des pratiques du don[75] : à l'inverse de C. Lévi-Strauss qui réduit les acteurs sociaux en automates, Bourdieu revalorise le sujet et l'acteur social. Il essaie de conjuguer la subjectivité de l'agent social et l'objectivité du système social en démasquant un altruisme intéressé et un certain utilitarisme dans les rapports entre les acteurs sociaux. Pour lui, le donateur naturellement enclin à calculer tente de supplanter cet « habitus » calculateur en faisant appel au symbolisme. Cela fait que « dans les domaines de l'action sociale non directement motivés par l'économie, dans la philanthropie par exemple, l'action altruiste, le don lui-même, est doté d'une prime de capital symbolique »[76].

Avec cette notion du symbolique, P. Bourdieu syntonise avec le tiers paradigme des héritiers de Mauss qui, allant au-delà du structuralisme durkheimien, tente d'associer et de concilier d'une manière très ingénieuse l'individualisme, le holisme et le symbolisme en les mettant en rapport avec le cycle du donner, recevoir, rendre. Et c'est de bonne guerre. L'être humain n'est pas un individu, mais une personne appelée à vivre en osmose et symbiose avec son entourage. Et pour qu'il y ait une certaine harmonie entre chaque membre et sa communauté, il faut nécessairement une certaine coresponsabilité constructive et une réciprocité positive. Les deux s'influencent mutuellement, tant et si bien que la collectivité, loin d'anéantir et de phagocyter la dignité personnelle et les libertés individuelles, les protège et les promeut, tandis que chaque membre de la communauté apporte du sien dans l'édification de la société en respectant les libertés collectives. Les normes ou les lois qui régissent les rapports interpersonnels ont besoin de l'esprit du don[77] pour renforcer les liens justes et équitables entre les citoyens et les institutions. Autrement, on risquerait de basculer d'une totalité sociale à un totalitarisme social. Dans ce cas, l'État de droit supposé protéger les droits et les libertés des personnes, surtout ceux des plus pauvres échoue dans sa vocation et sa mission.

L'État de droit en Afrique francophone au risque de l'holisme normatif : limites et dangers du paradigme

Quel est l'état des droits humains dans les pays francophones ? Ceux-ci sont-ils des États de droit ? À partir de ces interrogations, nous voudrions tenter une approche critique de l'État de droit en Afrique francophone à travers le prisme de la totalité sociale. Comme évoqué plus haut, l'existence de l'État de droit est conditionnée par l'existence des citoyens, la présence et la visibilité des symboles, ainsi que le bon fonctionnement des structures étatiques. Malheureusement, répétons-le, les États francophones sont dans tous leurs états quand ils survivent et le droit peine à être respecté en amont comme en aval. Dans ce cas, l'État de droit est simplement et purement une chimère quand l'état des droits humains n'est pas reluisant.

Commençons par la violation des droits par l'État lui-même que Jean-Paul II dénonce en ces termes forts : « Je dois constater avec une grande tristesse que de nombreuses

Nations d'Afrique peinent sous des régimes autoritaires et oppressifs qui dénient à leurs membres la liberté personnelle et les droits humains fondamentaux, tout spécialement la liberté d'association et d'expression politique de même que le droit de choisir leurs gouvernants au moyen d'élections libres et impartiales »[78].

Tout comme le poisson qui pourrit par la tête, les entorses à la justice et la violation du droit constitutionnel ou des droits humains commencent dans les faîtières de l'État. Si maints États francophones semblent en faillite aujourd'hui, c'est parce que les gouvernants eux-mêmes ont failli, tant et si bien que d'aucuns pensent et affirment que nos gouvernants sont nos problèmes[79]. La manière dont certains arrivent au pouvoir en dit long sur leurs motivations et leurs intentions. Si ce n'est par des élections truquées, c'est par un tripatouillage de la constitution pour s'éterniser au pouvoir (la question des mandats). Une fois le forfait accompli, la mal gouvernance s'installe et se manifeste par une distance abyssale entre gouvernés et gouvernants, une sorte de déconnexion entre les citoyens et les appareils de l'État qui n'en a cure des préoccupations du citoyen lambda.

Au lieu donc d'une bonne gestion des affaires publiques, de lutte contre le pillage du bien commun et la mal gouvernance, un système de corruption[80], de prédation et de ponction des caisses publiques se déploie dans les faitières de l'État : chaque dirigeant au pouvoir trait au maximum la vache laitière qu'est l'État, la dégraisse pour s'engraisser puis la rend famélique au peuple ; ou encore chaque gouvernant monte sur le karité qu'est l'État, et au lieu de le remuer pour que tous ceux qui ont contribué à son ascension puissent en bénéficier, il tâte et trie un à un les fruits mûrs, s'en repais et jette les noix sur le crâne de ses électeurs dupés et éberlués.

Dans son exhortation apostolique post-synodale *Ecclesia in Africa* n°113, Jean-Paul II n'a pas manqué de pointer du doigt « la malhonnêteté de certains gouvernants corrompus qui, de connivence avec des intérêts privés locaux ou étrangers, détournent les ressources nationales à leur profit, transférant des deniers publics sur des comptes privés dans des banques étrangères ». À la suite de son prédécesseur, Benoît XVI enfonce le clou en dénonçant des systèmes kleptocratiques qui consistent en des malversations locales et étrangères ainsi qu'à l'exploitation des nombreuses ressources naturelles que Dieu a données à l'Afrique[81]. D'où, déficit de confiance, défiance entre les citoyens victimes et les gouvernants sangsues.

Face aux crimes économiques et politiques de ces derniers, l'impunité rime avec immunité. À l'opposé, la loi dont la mission et la vocation est la défense du pauvre et du plus faible sévit dans toute sa rigueur à la moindre peccadille de ces derniers. Au lieu d'être indépendant, un appareil judiciaire grippé, corrompu et tendancieux devient l'instrument d'oppression du peuple, d'intimidation des opposants et de restriction arbitraire de la liberté d'expression. Cette espèce de voyoucratie au sommet de l'État explique partiellement sans pour autant justifier les coups d'États militaires en rengaine qui interrompent l'ordre constitutionnel. La mal gouvernance est un terrain fertile aux régimes d'exception, à l'instabilité sociopolitique et aux conflits armés. L'Afrique francophone s'illustre malheureusement dans cette culture et tradition des putschs avec par endroits, un maquillage démocratique pour s'octroyer une certaine légitimité. Ces deux dernières années, on assiste à une sorte d'épidémie de coups force dans les anciennes colonies françaises en Afrique occidentale surtout. L'alternance entre les *holdups* constitutionnels et les régimes militaires est tellement en vogue qu'on se demande s'il ne faut pas constitutionnaliser les putschs puisque dans l'un ou l'autre cas, c'est un coup d'État civil ou militaire. On est aussi en droit de se demander si la démocratie, version française, est opportune pour l'Afrique francophone. Quand on sait que la démocratie est multiforme, il est grand temps que les Africains pensent une démocratie *sui generis* et *sui iuris* pour panser les plaies de leurs régimes politiques qui ne respectent pas les libertés et le droit. Étant donné que « le poisson pourrit par la tête », on ne s'étonne plus que « le bas peuple » se débatte pour survivre au grand dam de la loi et de la justice que les gouvernants et les faitières de l'État foulent aux pieds, alors qu'ils sont censés les incarner et les promouvoir.

La violation de l'État de droit par les citoyens est aussi une triste réalité. Si les gouvernants sont à l'image des gouvernés, ceux-ci reflètent à leur tour leurs dirigeants en matière de respect ou non-respect du droit. Tout d'abord, on peut remarquer que dans beaucoup de pays, les citoyens sont privés des libertés et des droits fondamentaux à cause de l'incapacité ou la mauvaise volonté des gouvernants. Dans leur manuel sur les *Droits de l'homme et libertés fondamentales*, Stéphanie Hennette-Vauchez et Diane Roman classent au chapitre des libertés fondamentales le droit à la vie et à l'intégrité, la sûreté et sécurité, la liberté d'expression, la laïcité et la liberté religieuse[82] ainsi que le droit aux biens essentiels[83].

Il suffit d'examiner attentivement l'observation de chaque droit et liberté dans l'espace francophone d'Afrique pour se rendre compte que les libertés et droits humains sont en berne : de plus en plus on assiste à un mépris de la vie humaine voire une banalisation de la mort avec la prolifération des assassinats ciblés ou des massacres de grande envergure ; l'insécurité est grandissante et requiert une forte résilience de la part des populations ; la liberté d'expression est mise à mal d'une part par un abus des citoyens (journalistes compris) qui divulguent les *fake news* dans les réseaux sociaux et les médias, d'autre part par les autorités qui prennent des mesures restrictives de nature à museler le peuple ; le terrorisme et l'instrumentalisation des religions à des fins politiques, économiques et idéologiques portent une atteinte grave à la laïcité et à la liberté religieuse ; enfin, l'analphabétisme et le manque de nécessités vitales telles que l'eau, la nourriture, l'électricité, les soins médicaux, etc. font que les populations croupissent dans une extrême misère.

Comme pour ne rien arranger, la crise mondiale et multidimensionnelle au quadruple niveau sanitaire, sécuritaire, humanitaire et écologique ne fait que renforcer la négation ou la restriction des libertés individuelles et collectives, des droits fondamentaux des citoyens. On assiste donc à une déliquescence de l'autorité de l'État et un déficit de confiance entre les gouvernants et les gouvernés. Las de la complexité et des pesanteurs du système judiciaire, empêtré dans les dédales d'un appareil judiciaire plus enclin à culpabiliser l'innocent et à innocenter le coupable, certains citoyens préfèrent se rendre justice que de compter sur l'État. En tout état de cause, l'incapacité des États à protéger les biens et les droits des citoyens n'est-elle pas à l'origine de la défiance des populations civiles à l'encontre des autorités gouvernementales ?

Les citoyens ne sont pas seulement victimes du fait qu'ils sont privés de certains droits et libertés fondamentales ; ils contribuent souvent à une détérioration de l'État de droit. Point n'est besoin d'être fin observateur des populations civiles pour diagnostiquer une forme d'incivisme chronique à travers des comportements déviants, qui pourrait s'expliquer sans se justifier par plusieurs facteurs : tout d'abord on peut déplorer le manque d'éducation civique en famille et à l'école. Heureusement que l'enseignement du civisme commence à revenir dans les *curricula* des programmes scolaires de certains pays qui l'avaient abandonné. En dépit de cette disposition, l'analphabétisme massif ne permet pas une bonne connaissance des droits et devoirs du citoyen, si bien que l'axiome « nul n'est censé ignorer la loi » nous semble trop simpliste et discutable. Qui plus est, les sources des libertés fondamentales et des droits humains ne tiennent pas toujours compte des droits particuliers des peuples. Des droits perçus comme des valeurs en Europe ne sont pas forcément reconnus comme tels dans nos cultures africaines et donc ne sont pas imposables à l'Afrique et n'y sont pas recevables.

L'inculturation du droit international est impérative pour qu'il ne soit pas complètement en dissonance et incompatibilité avec les droits coutumiers.

En tout état de cause, les droits et les devoirs de l'État et du citoyen vont de pair dans l'édification de l'État de droit. Tant pour les gouvernés que les gouvernants, « les droits supposent des devoirs sans lesquels ils deviennent arbitraires »[84]. La coresponsabilité citoyenne incombe à tous les citoyens quel que soit leur statut. Et cette co-construction passe par la prise en compte du binôme siamois droit-devoir. Il est courant d'entendre parler d'organisations de défense des droits de l'enfant, des femmes, de l'homme. Mais, il est plutôt rare de rencontrer des structures dont la mission est la promotion des devoirs de l'homme (en général). À notre avis, les narratifs à tendance revendicatrice qui insistent sur l'un sans l'autre contribuent au déséquilibre de la société. C'est une colonisation idéologique qui, loin de protéger les plus fragiles, promeut l'indiscipline et l'incivisme. Il n'y a pas de droit sans devoir. Les deux vont ensemble, jamais isolement ou séparément si l'on veut construire des sociétés de justice et de paix où le bien commun est respecté. Une des clés de lecture des crises sociopolitiques en Afrique francophone pourrait s'expliquer par la disproportion entre le respect des droits et des devoirs des citoyens. Un État de droit exclusivement bâti sur les droits entendus comme privilèges est chancelant. Et pour le stabiliser, il faut y ajouter aussi les devoirs de l'État et du citoyen. Cette réciprocité constructive entre l'État et le citoyen crée un lien d'interdépendance entre les deux parties pour une gouvernance et une société civile vertueuse. L'une a des droits et des devoirs envers l'autre et vice versa. Laissons J. Ki-Zerbo nous le rappeler : « Le premier commandement de la foi en l'homme individuel et collectif c'est que toute personne est non seulement vecteur (sic) mais qu'il est tissé de droits imprescriptibles et de devoirs immanents qui s'imposent à chacun à l'adresse de tous comme des attributs naturels »[85].

La Françafrique et la question du droit à la souveraineté des pays africains posent des questions graves et existentielles. Faut-il rappeler que l'Afrique est un continent où se joue une grande compétition – une sorte de mondial – entre les grandes puissances, chacune s'évertuant avec autant de malice que d'astuce à se tailler la part du lion ?

En tout cas, les pays africains dont ceux francophones sont au cœur de rivalités géopolitiques doublées d'intérêts économiques, d'où les courses au sommet en série : sommet Chine-Afrique, sommet Russie-Afrique, sommet États-Unis-Afrique, sommet France-Afrique… Ce qui choque et interpelle, c'est que ce sont toujours les pays africains à être convoqués et à se rendre chez leurs prédateurs pour se faire vampiriser, alors qu'il incombe à leurs supposés maîtres de se déplacer en Afrique. Notons aussi que ces genres de relations sont viciées à la source, parce qu'elles sont entachées d'une dissymétrie offensante du fait qu'un seul pays se paie le luxe de convoquer tout un continent chez lui... périodiquement d'ailleurs. Beaucoup d'Africains ont l'impression d'être des marchandises liquidées à leurs insu à cause de certaines clauses opaques entre leurs pays et certaines puissances internationales. Le bât blesse quelque part.

Tout particulièrement, le concept de la Françafrique est déjà vicié tant dans sa morphologie comme dans sa philosophie. Il est symptomatique d'un mépris latent qui alimente un complexe de supériorité d'un seul pays -la France- à l'égard d'un ensemble de pays africains souffrant d'un certain complexe d'infériorité. Il en est de même pour la francophonie que l'opinion publique perçoit comme un outil d'influence de la France et d'ingérence dans les pays francophones d'Afrique particulièrement. En tout état de cause, les accords économiques, politiques, diplomatiques, etc. entre la France et ses anciennes colonies sont largement décriés et mis en cause. Entre autres questions qui dérangent et qui fâchent, on peut répercuter les suivantes : qui, en dernier ressort régit les États francophones d'Afrique et qui élit ses dirigeants ? Cette question vient du fait que la très démocratique France exige l'alternance dans certains pays et traite hypocritement avec des présidents inamovibles depuis plusieurs décennies à force de triturer les constitutions. La même France, qui condamne vigoureusement un coup d'État militaire ici, devient subitement aphone devant un autre putsch ailleurs.

C'est cette politique à géométrie variable, cette justice taillée sur mesure, ces réactions deux poids deux mesures que les « analphabètes » (comme nous) en relations internationales peinent à comprendre. En outre, le rôle de l'armée française est ambigu : les bases militaires françaises dans les pays francophones sont-elles au service des intérêts français ou de la sécurisation des pays hôtes ? La réponse à cette question est difficile quand le terrorisme prend de l'ampleur et les populations civiles sont décimées sous le nez et la barbe d'une des armées les plus puissantes au monde. À titre d'exemple tout frais, les interventions de l'armée française au Sahel sont un *fiasco* et des voix s'élèvent en France comme en dehors de celle-ci pour l'affirmer haut et fort. Que le Mali et le Burkina Faso dénoncent certains accords avec leur ancienne métropole et vont jusqu'à sommer l'armée française de vider les lieux, ce n'est pas étonnant. Quand des forces de sécurité et de défense n'ont pas la liberté de mouvement sur leur propre territoire parce qu'une puissance étrangère l'en empêche, l'heure est grave et même très grave.

En toile de fond, les pays francophones d'Afrique ont mal à leur souveraineté et autonomie. Oui, l'autodétermination des pays africains francophones est mise à dure épreuve à telle enseigne qu'on se demande s'ils ont réellement été autonomes depuis la période des indépendances. D'aucuns diraient que l'indépendance leur a été donnée dans les années 60. D'autres rétorqueraient que le cordon ombilical entre la métropole française et ses colonies n'a jamais été vraiment rompu. En tout cas, pour les panafricanistes, la France continue à tenir ses colonies en laisse et sous tutelle avec des accords occultes et iniques qui ne servent que ses intérêts. Ces clauses aux relents paternalistes entretiennent subtilement la vassalisation des Nations africaines et l'infantilisation de leurs dirigeants. C'est ici le lieu de marteler que la souveraineté n'est pas un don à octroyer ; elle est à la fois un droit et un devoir non négociable qui se prend et s'assume[86].

Un État qui n'est pas souverain ne peut pas être un État de droit, car la souveraineté est le premier droit de tout État. Un État vassal est inapte à garantir les libertés individuelles et collectives de ses citoyens. Sans avaliser la rhétorique souvent martiale et les méthodes parfois véhémentes auxquelles certains panafricanistes recourent pour dénoncer les systèmes de prédation et de néocolonialisme dont l'Afrique est victime, nous estimons qu'il est quelque peu abusif de parler de sentiments anti-français ou de francophobie. Rappelons au passage que la devise de la République française est « Liberté-Égalité-Fraternité » et que tout peuple aspire à ces valeurs. Les voix des panafricanistes qui s'élèvent exigent la liberté des pays africains ; elles réclament l'égalité entre les peuples et les Nations ; elles demandent seulement que les relations bilatérales ou multilatérales soient empreintes de respect mutuel. C'est sur la base de ces principes vertueux que les panafricanistes exigent la révision des accords coloniaux en vue d'un *new deal* gagnant-gagnant entre des partenaires égaux qui se respectent. Si réviser ces accords se complique et même se complexifie à dessein, pourquoi ne pas tout simplement et purement les résilier de manière unilatérale ?

L'exercice pourrait être périlleux, mais on ne peut pas verrouiller la souveraineté d'une Nation et la dignité des africains dans des clauses partiales. Dans tous les cas, les pays francophones d'Afrique devraient chercher avant tout à être des États-Nations où la dynamique du don anime la fibre patriotique des citoyens. C'est, à notre sens, le ciment et le soubassement inébranlable de l'État de droit.

Patrie, État de droit, État-Nation : un trinôme indissolublement lié par le don

L'État de droit se construit sur la patrie et la Nation. Avant d'étayer notre assertion, il convient de partir du postulat que la patrie, l'État de droit et l'État-Nation sont des entités politiques au masculin et au féminin dont le don est la quintessence : le politique comme principe instituant une société ou une communauté politique est la « résultante de l'ensemble des décisions prises par les membres de cette communauté ou de cette société d'être alliés plutôt qu'ennemis ou neutres, de donner et de se donner plutôt que de s'opposer, de se défier ou de s'ignorer »[87]. Comme concept polysémique, la politique à son tour désigne le champ du pouvoir, les appareils et le jeu autour de sa gestion ainsi que l'ensemble des décisions prises par les acteurs en la matière[88]. Cette approche définitionnelle du concept mixte de la et du politique nous permet de déceler le tiers paradigme dans le politique et l'holisme normatif dans la politique.

Le et la politique font la patrie et la patrie fait le et la politique, le tout dans la dynamique du don transversal. En effet, la patrie renvoie à une identité et entité nationale basée sur les repères des mères et pères fondateurs ainsi qu'à tout patrimoine et matrimoine qu'ils ont légué à la postérité. Cet héritage se compose de valeurs morales, de richesses économiques, du territoire, etc. qui se transmettent de générations en générations. Il s'agit ici d'un don reçu et transmis qui circule entre dans les familles, les écoles, les universités, etc. où le civisme est enseigné. Tous ceux qui appartiennent à la même patrie constituent une fratrie sont liés par des rapports de fraternité et animés par une fibre patriotique. Au total, l'histoire et les valeurs de la patrie forment un don intergénérationnel à reconnaître, à s'approprier et à faire valoir. C'est ce legs qui est le fondement sur lequel se construit toute Nation. De fait,

> Souvent utilisée comme synonyme de peuple, d'ethnie, d'État, voire de société, la Nation est un mode de regroupement humain ambigu, fondé tantôt sur la reconnaissance d'une commune origine ethnique, culturelle ou historique, tantôt sur un projet politique d'avenir, l'un n'excluant pas l'autre. Dans tous les cas, cependant, la Nation exige de ses membres le

sentiment, voire la conscience, d'appartenir à une collectivité reconnue comme étant une Nation[89].

En d'autres termes, la Nation est cette entité politique ou collectivité de personnes humaines vivant sur un même territoire et partageant une communauté de traditions ou des affinités historiques, culturelles, linguistiques ainsi qu'un projet politique d'avenir. Dans le concept de Nation, l'idée d'un seul et même peuple souverain constitué de groupes ethniques variés et de citoyens responsables est prépondérante. Ce qui est important à relever, c'est la qualité du lien au sein du peuple d'une part, puis entre l'entité nationale et la personne dans sa singularité, c'est la cohésion entre les différents groupes ethniques qui font la Nation. En dehors de ces relations fortes et harmonieuses, la Nation n'existe pas. En d'autres termes, c'est l'échange réciproque et constructif du don entre le citoyen et la communauté nationale qui définit l'essence de la Nation et garantit son existence. C'est par le truchement des institutions étatiques que s'exerce cette interaction dont le principe est l'interdépendance.

En tant qu' « ensemble d'institutions politiques, juridiques et administratives, impersonnelles et reconnues comme légitimes et régulant la vie d'une groupement humain sur un territoire donné »[90], l'État joue son rôle à travers trois monopoles[91] : le monopole du droit par lequel il s'octroie le pouvoir de légiférer, d'exécuter les lois, de rendre justice ; le monopole de la violence légitime qui lui donne l'exclusivité de recourir à la violence à travers les forces constituées de défense et de sécurité ; le monopole de l'allégeance ou régime politique. À travers ce triple monopole, l'État met en œuvre une certaine totalité sociale ou un holisme normatif qui lui permet d'exercer le pouvoir en tant que garant d'un certain ordre. L'absence ou la déficience de ces institutions et structures étatiques qui servent d'outils à l'exercice des pouvoirs législatifs, exécutifs et judiciaires rendrait la communauté nationale invivable. Mais l'État de droit seul pourrait-il exister et survivre sans le concept de Nation ? Pensons-y.

L'État-Nation est généralement et malheureusement défini comme une juxtaposition de l'État en tant qu'entité politique, à la Nation, c'est-à-dire des personnes humaines liées entre elles par un sentiment d'appartenance à une même communauté. De notre point de vue, cette juxtaposition et parfois même cette opposition entre l'État et la Nation sont à la base du drame de nos sociétés contemporaines.

Le binôme État-Nation devrait exprimer la synthèse harmonieuse entre structures étatiques fortes et liens solides entre les citoyens qui se donnent la main pour construire le pays et non le contraire. On entend souvent dire que les pays africains n'ont pas besoin d'hommes forts, mais des institutions fortes. Le concept de l'État-Nation nous permet d'affirmer que nous n'éprouvons aucune sympathie exclusive ni pour l'homme fort, figure de l'individualiste antidémocrate et autocrate, ni pour des institutions dites fortes mais qui ne reposent pas sur des valeurs humaines et morales. En effet, les institutions fortes peuvent parfois être désincarnées ou irrespectueuses de la dignité humaine. N'oublions pas que les problématiques qui gravitent autour de l'État-Nation ou de l'État de droit doivent être anthropocentrées. Faut-il rappeler que les structures façonnent l'homme et que l'homme fait les structures à son image et en fonction de ses besoins ? En vertu de cette interdépendance et interférence, ce qui nous semble prévalent, c'est le lien fort et vertueux entre les faîtières de l'État et le peuple qu'il convient de tisser, de consolider et d'assainir.

Cette relation constructive et responsable entre le citoyen et l'État est à prioriser. Pour cela, le don agapique est l'instrument le plus adéquat.

Face au processus politique ardu de la construction d'une unité nationale dans les États francophones d'Afrique[92], le don vertueux est la solution et l'outil le mieux indiqué. En effet, la patrie, la Nation et l'État comme

> communautés politiques sont d'abord des communautés de don. Qu'est-ce qui cimente et scelle la constitution d'une communauté politique, en effet ? C'est l'ensemble des dons que l'on pense avoir reçus de ses prédécesseurs, de leurs alliés, de ce dont on se reconnaît les héritiers. Et c'est l'ensemble, symétriquement, de ceux à qui l'on pense pouvoir ou devoir donner quelque chose (par exemple la nationalité), et dont on attend de recevoir quelque chose, nos descendants. On peut donc dire qu'une communauté politique est fondée par l'intégrale (au sens quasi mathématique du terme) des dons [93].

Cette assertion d'A. Caillé illustre bien la connexion du trinôme patrie, État de droit, État-Nation grâce au concept du don. Autrement dit, l'esprit du don anime ces trois entités et circule entre un patrimoine commun (patrie), une communauté de personnes (Nation) et un ensemble d'institutions et de fonctions chargées de faire valoir le droit (État de droit). C'est grâce à ce don vertueux et agapique que se construit l'État-Nation. L'État de droit basé sur la justice est souhaitable et même indispensable, mais ne suffit pas. Il convient de promouvoir aussi la culture du don, créateur, recréateur et réparateur des liens entre les institutions de l'État et les membres de la communauté nationale. Le sursaut patriotique et le sentiment national se basent sur le don qui, sans être injuste n'est pas toujours juste. Il transcende la justice et peut même enfreindre à une loi injuste. Pour J.T. Godbout, « on ne donne pas pour respecter une norme de justice, mais parce qu'on a envie de donner et que donner fait exister »[94] le donateur, l'État et la Nation. Et A. Caillé de renchérir : « Il n'y a pas de communauté politique, d'organisation ou de relation amicale ou amoureuse possible sans un désir et une acceptation inconditionnelle première d'être ensemble, qui excède et précède de tout contrat »[95]. Autrement dit, l'État de droit a comme base et comme projet l'édification de l'État-Nation qui, par le truchement de la loi et des normes justes crée, renforce et restaure les liens sociaux entre les concitoyens et les structures de l'État.

C'est donc de bonne guerre que les disciples et héritiers de M. Mauss stipulent que l'universalité du don est le fondement de toute démocratie[96] parce que l'égalité y est mise à l'épreuve par le double jeu de la liberté et de l'obligation qui en constituent les piliers[97]. L'être et l'agir libre (droit) et obligé (devoir) de chaque citoyen constitue le socle et le ciment de toute démocratie qui n'est jamais définitivement acquise[98]. Le processus démocratique est dynamique et passe par le respect quotidien de l'État de droit et la concertation de tous les protagonistes en vue du bien commun[99].

CHAPITRE III
CRITIQUE DE L'ÉCONOMIE À L'AUNE DE L'AXIOMATIQUE DU PROFIT

En géopolitique et en économie, le jeu et les enjeux des relations internationales tournent autour du gain et des intérêts. On pourrait être tenté de jeter l'anathème sur nos sociétés contemporaines où les liens sont souvent et exclusivement axés sur l'intérêt. Avant de prononcer la sentence posons-nous ces questions : que serait un monde sans intérêt ? N'y a-t-il pas une certaine omniprésence et pertinence de l'intérêt quand on sait que l'action humaine est toujours intéressée[100] ? Paradoxalement, que seraient nos sociétés si elles ne sont régulées que par le jeu d'intérêts égoïstes ? Sans nier la nécessité et l'utilité du gain, on peut en user tout en le mettant au service du bien commun. La mutualisation des efforts va de pair avec la péréquation ou la redistribution juste et équitable des gains.

L'*homo oeconomicus*[101] et la question de l'intérêt

L'économie est le domaine de la production des biens pour la vie et la survie de tout l'homme et de tout homme. Elle contribue à la promotion du bien commun et du développement humain intégral. Une des modalités de reproduction et d'accroissement des biens est l'échange. Pour lever toute équivoque, précisons d'ores et déjà que notre approche de l'économie du don ne se fera pas sous l'angle du don réduit de J.L. Marion ou du don pur et gratuit de J. Derrida. Nous n'aborderons pas non plus l'échange des dons de sociabilité sans contrepartie centrale ainsi que le transfert des dons dits de charité, tels les dons associatifs et méritoires faits à la société dans son ensemble[102]. La question qui nous intéresse est la catégorie de transaction comportant une contrepartie exigible[103], c'est-à-dire le type de dons dont la finalité est d'obtenir un contre-don exigé dans un contrat tacite ou explicite. Bref, il s'agit de l'échange avec centralité de la réciprocité institutionnelle. À cet effet, « dans l'échange, précise A. Testart, l'obligation de l'autre est la cause de l'obligation de l'un ; le contre-transfert est la cause du transfert ; la contrepartie est la cause de l'échange, au sens où la remise de cette contrepartie oblige celui qui la reçoit à remettre également un bien. Comme tout est réciproque, tout ce qui est cause est en même temps effet »[104]. Et S. Petrosino de renchérir : « En termes marchands, le don est connaturel à l'échange parce qu'il existe pour être échangé par un « dû » ou par un « prêt », et donc par quelque chose qui, nécessairement, ne peut se mouvoir qu'à l'intérieur de la circularité économique »[105].

L'*homo oeconomicus* est le protagoniste de la production et de l'échange des biens. Dans sa figure se trouve « l'hypothèse que les sujets humains sont des calculateurs individuels, mutuellement indifférents, ne s'intéressant qu'à leurs propres besoins ou préférences, et considérés comme à peu près rationnels »[106]. L'individualisme méthodologique que représente l'*homo oeconomicus* est dicté par des jeux ou calculs plus ou moins conscients ou rationnels. Le motif et l'objectif du don offert par l'*homo oeconomicus* est son avantage, son profit, son bénéfice. Par conséquent, « l'unique chance de comprendre l'action individuelle est de postuler qu'elle est, sinon nécessairement 'égoïste', à tout le moins 'intéressée' et rationnelle ; ce paradigme premier peut être qualifié, selon l'angle d'attaque qu'on choisit d'adopter, d'individualiste, d'utilitariste, de contractualiste, d'instrumentaliste, etc. »[107]. En d'autres termes, le principe sur lequel se fonde l'édifice de la rationalité instrumentale est essentiellement l'appât du gain, l'intérêt, le lucre et le profit… prioritairement et exclusivement. Dans ce sens, il est vraiment connexe à l'utilitarisme, cette doctrine selon laquelle l'unique motivation des individus est le *self-regarding* ou la satisfaction des intérêts égoïstes (*self-interest*)[108]. Ce n'est donc pas à tort que l'utilitarisme est défini comme la théorie de l'égoïsme rationnel dont la principale dynamique est l'axiomatique de l'intérêt[109] ou du gain. En régime d'individualisme méthodologique ou d'utilitarisme, les rapports marchands et intéressés prennent le dessus sur tout lien social et communautaire, voulu pour lui-même. Entrent parfois et malheureusement dans ce mercantilisme ambiant même les œuvres dites philanthropiques et caritatives, véritables multinationales commerciales pensées sur le modèle marchand de l'offre et de la demande. Tant et si bien que « le donateur devient un consommateur qui a un besoin de don à assouvir[110] ». D'où la nécessité de bien penser et de discerner le concept de l'aide et la pratique de la charité pour éviter qu'elles soient toxiques et insidieusement intéressées.

À propos de l'intérêt qui est le mobile principal de l'*homo oeconomicus* et le moteur de l'action humaine, on pourrait se demander s'il existe vraiment une action humaine ou un don complètement désintéressé. À en croire A. Caillé, l'axiomatique du profit est inhérente à tout être et agir humain dans les sociétés dites archaïques comme globalisées[111] : « En effet, si l'on entend tout d'abord par « intérêt » le concept qui désigne les mobiles qui poussent à l'action, alors, par définition, puisqu'il n'y a pas d'action sans mobile, sans quelque dimension propre au sujet de l'action qui la déclenche, toute action est nécessairement

« intéressée » en ce premier sens »[112]. Notre auteur estime que la notion d'intérêt est plurielle et que quatre intérêts constituent le moteur de l'action de toute personne humaine : premièrement l'intérêt à… n°1 ou intérêt pour soi, appelé aussi l'intérêt instrumental, stratégique, égoïste, recherché comme finalité. Deuxièmement un autre intérêt à… n°2, c'est-à-dire un intérêt de docilité et d'obligation pour soi, quand par exemple on s'engage à accomplir une tâche ou à effectuer un travail par obéissance à un ordre, par obligation, par devoir ; troisièmement l'intérêt pour… n°1, ou intérêt pour autrui par charité, sociabilité, amitié, sympathie, etc. Quatrièmement enfin l'intérêt pour… n°2, c'est-à-dire « l'intérêt pour une activité plaisante » appelé « l'intérêt passionnel »[113] ou l'intérêt de liberté qui met en relief le plaisir, la passion que l'on a à faire quelque chose (sport, musique mission, etc.).

Ces quatre pôles d'intérêt représentent métaphoriquement les quatre points cardinaux de la boussole qui oriente l'agir et l'être humain. Dans cette quadruple typologie des intérêts, celui pour autrui appelé aimance montre bien que l'intérêt n'est pas complètement dépourvu d'une dimension altruiste. Pour A. Caillé, cela rejoint bien l'obligation maussienne « faite aux hommes de donner, de se montrer généreux, de ne satisfaire leur intérêt propre que par le retour de la satisfaction de l'intérêt des autres »[114]. De fait l'intérêt égoïste n'est pas absolu et ne suffit pas pour expliquer la totalité et la complexité des motivations de l'action humaine. C'est pourquoi nous pensons, à la suite de J.T. Godbout, qu'il convient de relativiser sans anathématiser le modèle dominant de l'individualisme méthodologique : « Il [faut] faire éclater ce modèle linéaire unidirectionnel fin-moyen pour faire apparaître le don. Le don est nécessaire pour affronter la rationalité instrumentale qui déshumanise les relations en phagocytant les fins par les moyens. La rationalité instrumentale, ce sont les moyens qui s'emparent de la fin »[115]. Quoiqu'important donc pour décrypter l'action humaine, le postulat de l'intérêt personnel n'en épuise pas l'explication. Il comporte des pièges à éviter.

Les périls de l'utilitarisme en Afrique francophone

> Le principal problème de 'l'axiomatique de l'intérêt', autrement dit de toutes ces thèses si nombreuses et multiformes qui croient pouvoir expliquer en 'dernière instance' l'ensemble des actions humaines par la seule force de l'intérêt, n'est pas de dire que la recherche de l'intérêt personnel est importante – elle l'est indubitablement –, mais de laisser entendre que nous ne voulons que cela, et que les autres dimensions de l'action ne seraient que des modalités particulières de l'intérêt[116].

Justement pour une économie au service du développement humain intégral dans les pays francophones, l'axiomatique du profit à elle seule ne suffit pas. Le pape François nous le rappelle : « Le principe de la maximalisation du gain, qui tend à s'isoler de toute autre considération, est une distorsion conceptuelle de l'économie »[117]. Elle passe par la prise en compte des quatre mobiles de l'action humaine et sociale, à savoir l'intérêt pour soi (dignité, amour propre, amour de soi) et l'intérêt pour autrui ou aimance (solidarité, amitié), l'obligation sociale (contrainte, devoir) et la liberté (libération, créativité)[118].

À notre avis, ce sont quatre principes fondamentaux du vrai développement dans un État de droit. Malheureusement, l'économie et le développement des pays africains prennent difficilement de l'essor par manque de prise en considération de tous les repères qu'indique la boussole des intérêts d'A. Caillé. Avant d'y revenir dans le prochain paragraphe, penchons-nous sur certains écueils qui plombent la croissance économique de l'Afrique francophone.

Notre postulat est que le développement humain intégral du tiers-monde passe inéluctablement par le tiers paradigme. Contrairement à ce qu'une acception simpliste du don penserait, le paradigme relationnel que nous préconisons exige au préalable une autonomie ouverte à l'interdépendance. Quand on n'a rien, on ne vaut rien et on n'est rien, on est d'office disqualifié, perdu et perdant dans le jeu du don. Celui/celle qui ne sait que dire merci est toujours à la merci de son bienfaiteur. Le donner, recevoir et rendre exige tout d'abord une identité et endogénéité, c'est-à-dire un état des lieux de ses avoirs ou potentialités. Une fois cette opération faite, on peut s'engager dans un système de prestations totales vertueux et gagnant-gagnant.

Pour ce qui concerne l'Afrique, nous assistons anxieusement au drame et au paradoxe d'un continent immensément riche et scandaleusement pauvre… économiquement. Cela a fait dire à Bwemba-Bong que : « De façon effarante, l'Afrique Noire offre aujourd'hui le contraste d'être le plus riche dépôt mondial de ressources naturelles minières, énergétiques et agricoles, en même temps que le point de fixation chronique de la misère et de l'indigence les plus insupportables »[119]. Et Mike Boon d'abonder dans le même sens : « L'Afrique est à la fois le lieu d'horreurs terribles et d'une grande compassion, de bêtise et de sagesse. Elle a une vision basée sur la noblesse et la tragédie du passé »[120].

L'image d'une Afrique paralysée (cf. *Mc* 2, 1-12 ; Jn 5) que Benoît XVI dépeint dans *Africae munus* nn. 98 ; 148 ; 172ss devrait interpeler les Africains en premier lieu. Et pour cause, la génération de ceux qui ont transporté le handicapé dans la civière ou de ceux qui pouvaient aider le paralytique à descendre dans la piscine est une espèce de plus en plus rare aujourd'hui. Il revient donc aux Africains d'apprendre à compter d'abord sur eux, quitte à accepter des appuis extérieurs. Les pays africains francophones regorgent tellement de ressources endogènes qu'il est difficile d'admettre la misère de ses populations. Sont-ils conscients de leurs richesses ? Comment les exploitent-ils ? À qui profitent-elles ? Quel régime économique sied en Afrique : capitalisme, socialisme… ? Quelles que soient les réponses à ces interrogations, affirmer que l'Afrique est pauvre est une aberration, une manipulation idéologique qui consiste à faire croire aux Africains ce qu'ils ne sont pas. Ces derniers devraient refuser de se laisser définir par la pauvreté qui, loin d'être une identité, est tout simplement un accident. Et de toute façon, la pauvreté est multiforme et universelle.

Par ailleurs, la tendance à évaluer la richesse ou la pauvreté d'une personne ou d'un pays en termes exclusivement matériels et économiques nous semble restrictive et discutable. Cela renforce la rationalité instrumentale qui pousse individuellement ou collectivement les personnes à une course effrénée vers un enrichissement illicite, au grand dam des valeurs morales et de la dignité humaine. D'ailleurs, on remarquera de plus en plus que l'appât et l'appétence du gain facile et rapide croissent dangereusement et font beaucoup de victimes parmi ceux qui croient que la fin justifie les moyens. Les corollaires de cette hypertrophie de l'axiomatique du gain sont nombreux et désastreux : gabegie et malversations financières, vol et détournements de fonds, pillage des ressources publiques sans oublier une corruption endémique et transversale qui infecte et infeste l'administration. Quand l'individualisme méthodologique est trop poussé, l'économie et le marché entrepreneurial courent le risque de devenir une jungle et un champ de rivalités où le jeu des intérêts est sans foi ni loi.

En régime individualiste où l'unique enjeu est le profit, l'aide devient suspecte. La rationalité instrumentale rend le don sceptique et même septique. Quand bien même elle se maquille d'une charité apparente, elle peut s'avérer toxique. Le cheval de Troie n'est pas mort. Conscients de cela, les Africains se méfient de plus en plus des brigands déguisés en Bons Samaritains. D'où l'actualité et la pertinence de cette invite du pape Jean XXIII : « Les États économiquement développés doivent, en outre, veiller avec le plus grand soin, tandis qu'ils viennent en aide aux pays en voie de développement, à ne pas chercher en cela leur avantage politique, en esprit de domination »[121].

Sans cet élan de charité dans la vérité, sans cet esprit de désintéressement, ce serait une forme de néo-colonisation préjudiciable aux relations internationales et à la paix dans le monde. En outre, le paternalisme des donateurs arrogants et condescendants qui infantilisent les bénéficiaires provoque tellement de frustrations que la génération actuelle crie son ras-le-bol et exige que l'on pense et repense l'aide et la coopération Nord-Sud avec ses exigences d'autonomie, de respect mutuel et de réciprocité. L'exhortation apostolique *Maximum Illud* de Benoît XV, les encycliques *Mater et Magistra* et *Pacem in terris* de Jean XXIII n'ont pas manqué de tirer la sonnette d'alarme sur l'ombre d'un néo-colonialisme qui risque de « vicier les aides de l'Occident, y compris l'Église, si en allant à la rescousse des jeunes Nations, leur autonomie politique et leurs schèmes culturels ne sont pas respectés »[122].

L'aide-assistance est nocive quand elle déborde les urgences à court terme pour s'inscrire dans le long terme. À l'ère de l'interdépendance et du multilatéralisme, on peut à la limite se dire autonome, mais aucune Nation, aucune personne ne peut se croire absolument indépendant. Même les soi-disant Nations puissantes et développées vivent de dettes et d'importations car aucune d'elles n'a tout en son sein. Qui plus est, s'il est vrai que la personne humaine est essentiellement et existentiellement un être social et relationnel, aucune communauté nationale ne peut se passer de l'aide d'une autre. Évidemment en fonction de ses attributs et ses vertus, l'aide peut être toxique ou bénéfique. Souvent même dans la coopération entre les pays colonisateurs et leurs ex-colonies, la prétendue aide devient une restitution du dû que les puissances occidentales devraient rendre (c'est la dynamique du don !) aux donataires africains. Du coup, on passe d'une charité condescendante à une justice équitable et réparatrice où l'aide devient un droit de la part du *recipiens* et un devoir de la part du donateur. C'est là qu'intervient l'exigibilité du don ou aide non seulement à demander, mais à réclamer et même à retirer. Nul ne peut remettre à un tiers son dû et lui faire croire qu'il lui vient à la rescousse.

Dans la rubrique de ces types de subsides pernicieux et pervers figure la scandaleuse et épineuse question du franc CFA dont l'émission et la thésaurisation seraient un service que la France rendrait à quatorze pays francophones d'Afrique qui utilisent cette monnaie qualifiée de coloniale. F. Pigeaud et N.S. Sylla n'hésitent pas à la considérer comme « l'arme invisible de la Françafrique »[123], une monnaie au service du pacte colonial[124].

Apparemment, la question est hautement sensible et techniquement complexe. N'étant pas du domaine, nous nous contenterons seulement de poser quelques questions : les pays de la zone franc peuvent-ils être politiquement et économiquement indépendants sans une souveraineté monétaire ? Si ce n'est pas une question d'intérêt, pourquoi la France reste-t-elle scotchée à l'impression et à la gestion de cette monnaie que la jeune génération décrie avec hargne ? Que font les gouvernants des pays de la zone franc pour se soustraire à cette aliénation économique qui, visiblement, est l'une des principales causes du sous-développement et de la paupérisation des populations ? Quatorze pays ne peuvent-ils pas se solidariser pour créer une monnaie plus forte et plus stable ?

En tout cas, pour nous profanes et analphabètes en matière de devise, cette histoire de CFA est similaire au cas d'un père de famille qui ne contrôle ni son grenier ni son portefeuille parce qu'un autre homme a fait main basse là-dessus et les gère à sa guise. Dans ce cas de figure, le vrai propriétaire a comme perdu sa virilité et est voué à la mendicité tandis que l'administrateur autoproclamé se comporte en maître et propriétaire. Toute chose qui alimente le paternalisme d'une part et l'infantilisation d'autre part. Tant que l'économie mondiale sera bâtie sur un capitalisme prédateur où les plus fourbes s'engraissent au détriment des plus défavorisés, tant que les disparités seront pernicieusement provoquées pour maintenir sa domination sur les pays économiquement infortunés, tant que les uns mourront pour avoir trop mangé et que les autres végèteront parce qu'ils n'ont rien à manger ni à boire, le monde ne connaîtra jamais la paix. Une économie solidaire au service de l'être humain et du bien commun nous semble l'antidote. En effet, les Africains ne devraient pas céder à la tentation de l'individualisme si étranger à ses cultures et meilleures traditions dont le sens de la solidarité et de la vie communautaire est si aigu[125].

Le don comme essence de l'économie solidaire et obligataire[126]

En tant que forme de circulation des biens et des services qui tisse, restaure ou renforce le lien social, le don constitue une dimension fondamentale de l'économie solidaire.

Celle-ci participe donc du don[127]. Par conséquent, dans un monde désormais interdépendant et multilatéral, les denses interactions économiques et géopolitiques réticulaires ne peuvent pas occulter leur dimension solidaire et obligataire basée sur le don tout en recherchant les intérêts individuels et communautaires. Il n'y a aucune incompatibilité entre le profit/gain et la solidarité vertueuse dont le fruit est le très précieux don de la paix à l'humanité[128].

En langage africain, il s'agit de mettre en œuvre la philosophie de l'*Ubuntu*. Mais question : « Est-il possible de faire fonctionner l'attitude d'*Ubuntu* qui relève d'un mode de production pré-capitaliste, avec une 'économie du don' soucieuse davantage des liens sociaux que des biens matériels, dans un mode de production ultra capitaliste et néo-libéral verrouillé par la mondialisation ? »[129].

Cette interrogation de J. Ki-Zerbo problématise bien notre propos. Certes, l'économie est le domaine du gain et du profit car nul ne va au marché, nul ne s'engage dans l'entreprenariat pour perdre. Toutefois, le business et la recherche des intérêts ne sont pas aux antipodes du don conçu comme un système de prestations totales. M. Mauss faisait remarquer en son temps qu'il y avait une survivance des principes du don dans les droits anciens et les économies anciennes[130]. Il existe un « art économique qui est en voie d'enfantement laborieux. On le voit déjà fonctionner dans certains groupements économiques, et dans le cœur des masses qui ont, bien souvent, mieux que leurs dirigeants, le sens de leurs intérêts, de l'intérêt commun »[131].

En guise d'illustration de cette assertion, chez les Lobi[132] et bien d'autres groupes ethniques en Afrique, les marchés traditionnels étaient reconnus non seulement comme des centres d'affaires, mais aussi des lieux d'aimance et de convivialité dans les échanges entre les villageois. On y rencontre amis et parents, on s'y communique des nouvelles, on y tisse de nouveaux liens pouvant aller jusqu'au mariage, le tout dans une ambiance bon-enfant agrémentée par la consommation de bière de mil, de beignets, etc. Ainsi « facteur de création du réseau social, le marché est aussi un lieu de paix »[133]. Le marché ou le secteur économique traditionnel est aussi et surtout une opportunité pour socialiser dans la convivialité. C'est pour marquer cela que le jour du marché était « comme trêve, dans les guérillas, comme jour de paix, avec interdiction de tuer ces jours-là, comme lieux saints, avec défense en tout temps de tuer ou de voler sur l'aire commerciale, d'ailleurs consacrée à un ou plusieurs protecteurs »[134]. Même si de nos jours le business économique prend plus d'importance et d'ascendant dans le marché lobi[135], il assume encore d'importantes fonctions sociales[136], économiques[137], politiques et religieuses[138]. Disons qu'il s'inscrit toujours dans le système de l'économie solidaire qui présente « quatre dimensions – économique, sociale, politique et culturelle – à la fois plurielles et hybrides, et inextricablement mêlées sous des formes multiples »[139].

Un tel marché, lieu de paix et de probité, de religiosité et de socialité contraste avec le marché mondial actuel où le vol, la violence et les crimes économiques, le pillage et le lucre règnent en maîtres. Pire, le dieu « *Mammon* » dicte sa loi dans les temples de nos marchés modernes, au détriment des vertus, de la dignité humaine et surtout du plus pauvre. N'est-il pas temps de renouer avec cette économie solidaire axée sur le don vertueux ? Il n'est pas de renoncer au gain. « Il s'agit de prendre le contre-pied du système dominant qui mise sur le « Tout-marché » pour réduire la pauvreté dans le monde, à défaut d'atteindre la croissance et encore moins le développement »[140].

En effet, « avec son *Essai,* Mauss n'a pas voulu décrire ou expliquer simplement les structures des sociétés prémodernes, [mais] démontrer sur un plan sociologique que la morale et l'économie de dons « fonctionnent encore dans nos sociétés de façon constante et pour ainsi dire sous-jacente »[141]. Qui plus est, les quatre intérêts qui, selon A. Caillé constituent les mobiles de l'action humaine corroborent que, loin de s'exclure mutuellement le don et l'intérêt vont ensemble pour former ce système de prestations totales au service d'une économie promotrice du développement humain intégral. Le don a le pouvoir d'associer, de concilier, de réconcilier les quatre intérêts : personnel, altruiste, obligatoire, libre obligatoire parce que les formes et les moments des dons sont prescrits par la société (holisme normatif) en fonction de la personne, du moment, d'une certaine manière, etc. ; mais libre/spontané parce qu'il exprime la personnalité, l'esprit, les sentiments du donateur que la structure sociale ne peut imposer ou contrôler[142].

L'économie des pays africains ne sera jamais productive tant qu'elle n'entrera pas dans la dynamique des échanges équitables et justes du don vertueux promoteur des biens privés et du bien commun. La crise économique dans laquelle le monde est plongé a suffisamment démontré ses faiblesses pour avoir provoqué des disparités abyssales : les chantres de la croissance favorisent le sur-enrichissement des riches tandis que les adeptes de la décroissance enfoncent les plus fragiles dans la paupérisation. D'où « la guerre mondiale en morceaux ». Et si l'on retrouvait les valeurs de l'économie solidaire axée sur le don ?

Pour éradiquer ou, à défaut, atténuer cette âpreté au gain qui provoque des guerres fratricides, Benoît XVI recommandait dans son encyclique *Caritas in Veritate* n°37 de cultiver la gratuité et la dynamique du don comme expression de la fraternité dans les rapports économiques et les échanges mercantiles. Pour J.L. Marion, « la gratuité du don se paie par la reconnaissance – du don et de sa gratuité même »[143]. Et A. Caillé de s'interroger : « Le don n'est-il pas en effet le moyen par lequel s'opère la reconnaissance de l'autre à la fois dans son altérité et dans son identité »[144] ?

À ce que nous sachions, le magistère et la doctrine sociale de l'Église n'ont jamais condamné l'intérêt et le profit, pourvu qu'il ne soit pas un bénéfice égoïste mais un gain ouvert au sens du partage et du bien commun. En effet, « l'utile n'est en rien méprisable, mais il doit être subordonné à la quête de la beauté dans la manifestation de soi. [...] Dans un autre langage, on pourrait parler de la nécessaire subordination (positive et normative) des intérêts de l'avoir, aux intérêts de l'être ; car nul ou rien ne saurait développer des intérêts de possession ou de reproduction à moins d'exister »[145].

Ce que combat l'anti-utilitarisme, ce n'est ni le profit, ni même l'intérêt. Le problème est de faire gain de tout don le motif et le but absolu de tout son être et de toute son action, de le subordonner et de le substituer au bien commun et à l'intérêt général. Ce qui est anti-utilitaire n'est ni inutile ni an-utilitaire. Il faut ici éviter de confondre utilité et intérêt, car un don peut être désintéressé/gratuit sans être utile (par exemple, donner un réfrigérateur à un Esquimau, selon un dicton canadien) tout comme un don peut être à la fois utile et désintéressé/gratuit sans intérêt propre (par exemple, faire quelque chose dont vous avez besoin mais que vous n'aimez pas).

Les acteurs de l'économie de dons ne peuvent pas interagir dans l'échange des dons en restant dans le déni des raisons égoïstes du commerce. Mais en même temps, ils ne peuvent pas se confiner dans une logique exclusive de maximisation du gain. Le paradigme relationnel qui synthétise l'intérêt subjectif et l'intérêt collectif permet d'affirmer que le lien social ou commercial est un bien qui se nourrit de l'interaction complémentaire, solidaire et obligataire ainsi que la reconnaissance mutuelle entre l'individualité et la totalité sociale. Ce n'est que dans l'alliance et l'association entre les structures et les fonctions d'une part, et l'individu et ses options d'autre part, qu'une société humaine vivable peut être construite, et non séparément. L'harmonie sociale, les relations de parenté, d'amitié, de travail, de partenariat, etc. sont régies par le mécanisme du donner, recevoir et rendre, plutôt que par l'appétit des intérêts ou l'oppression des normes exclusivement. Somme toute, « on pourrait plutôt caractériser l'économie solidaire comme une hybridation des économies marchande, redistributive-étatique et réciproque, qui ont respectivement pour principe de comportement, l'intérêt (intéressé), l'obligation et le don »[146].

CHAPITRE IV

LA PAIX, UN AUTRE NOM DU BIEN COMMUN

À l'occasion du 27e Congrès Mondial de l'Union Internationale Chrétienne des Dirigeants d'Entreprise (UNIAPAC) le 21 octobre 2022, le Pape François s'adressait aux entrepreneurs en ces termes : « Nous sommes appelés à être créatifs dans l'accomplissement du bien, en utilisant les biens de ce monde – non seulement les biens matériels mais tous les dons que nous avons reçus du Seigneur – non pour nous enrichir, mais pour engendrer l'amour fraternel et la communion sociale »[147]. Le Saint Père a saisi cette opportunité pour en appeler à une économie mondiale garant du bien commun, promotrice du développement humain intégral qui transcende la simple croissance économique pour embrasser de manière holistique le développement de tout être humain et de tout l'être humain. Pour lui, dans cette dynamique, il est plus que jamais temps de promouvoir une « économie de l'Évangile » [qui] incarne :

> une économie de la paix et non de la guerre ; une économie qui prend soin de la création et n'en abuse pas; une économie au service de la personne humaine, de la famille et de la vie, respectueuse de chaque femme, homme et enfant, des personnes âgées et surtout des plus fragiles et vulnérables ; une économie où le soin remplace le rejet et l'indifférence ; une économie qui ne laisse personne de côté, afin de construire une société dans laquelle les pierres rejetées par la mentalité dominante deviennent des pierres angulaires; une économie qui reconnaît et protège le travail sûr et digne pour tous[148].

Cette exhortation du pape dégage des principes et thématiques clés que nous aborderons dans ce quatrième et dernier chapitre. Ne pouvant pas nous appesantir sur chacune des caractéristiques de cette économie voulue et souhaitée par le pape François, nous nous en tiendrons seulement et succinctement aux questions sur la dignité humaine, le développement humain intégral, le bien commun, la paix et la protection de la création, laquelle est un don de Dieu l'humanité.

L'*homo donator* comme fondement anthropologique du bien commun

Selon les travaux de Will Schutz que Alain Duluc commente, « tout être humain est, depuis sa naissance, concerné par trois dimensions essentielles et fondamentales du comportement. Elles sont à l'œuvre en permanence à des degrés divers selon les situations et les personnes »[149]. Il s'agit de : « l'inclusion qui se rapporte au nombre de contact avec les autres. Le besoin sous-jacent est d'établir et de maintenir une relation satisfaisante en termes d'interaction, d'échange ou d'association »[150] ; le contrôle qui « est en rapport avec l'impact que la personne souhaite exercer sur elle ou sur les autres »[151] ; enfin l'*ouverture* qui « se réfère à l'expression de soi, de ses sentiments, émotions, pensées et opinions »[152]. Ces dimensions décrivent bien les diverses facettes de l'*homo donator* ou l'homme relationnel.

Dans un monde où l'individualisme est le paradigme dominant, il nous semble fondamental de rappeler ce postulat : Dieu n'a pas créé l'être humain en tant qu'individu mais comme une personne à son image. Le sens et l'essence du bien commun se trouve dans ce principe de base : que le Dieu Uni-trine essentiellement Un et existentiellement Trois a fait l'homme à son image, c'est-à-dire un être relationnel et social, solidaire et non solitaire. L'ontologie relationnelle de la personne humaine développée dans les anthropologies culturelle, philosophique, biblique et théologique, de même que *Laudato sì* du pape François est l'un des fondements du bien commun. Parce que les personnes sont des êtres naturellement sociaux et que leur véritable épanouissement implique inévitablement un espace communautaire, le bien commun est à l'image et au service de l'homme conçu comme un réseau de relations.

L'être humain « est en relation, tient par relation, entre en relation ou établit des relations »[153]. C'est cela *l'homo donator*. Son essence et son existence dans la société dépendent donc de sa connexion à une quadruple alliance, soit le réseau des rapports horizontaux, transversaux, verticaux et environnementaux. Cela ne nous rappelle-t-il pas le don qui crée, recrée et répare ces différentes relations ? Pour A. Caillé, cette conjonction des alliances, cette intégralité des dons caractérise toute société et les membres qui la composent[154]. P. Gilbert argue dans le même sens : « L'homme n'est pas un étant solitaire. Sa vérité se manifeste en compagnie d'amis ou d'amies. Je suis moi à condition d'être devant toi et différent de toi, à condition de te recevoir toi en tant que toi »[155]. Le concept africain de l'*Ubuntu* que nous aborderons dans l'un des prochains paragraphes explicitera et amplifiera cette assertion. En prélude, laissons J. Ki-Zerbo nous éclairer sur l'identité plurielle de l'*homo donator* version africaine : « L'homme idéal en Afrique est maladivement, incurablement social. Il vit et s'accomplit à travers les autres. Sans vouloir faire du culturalisme (car l'Africain n'est pas ontologiquement différent des autres humains), l'existence sociale met en lumière ce lien vital avec les autres qui va jusqu'à une quasi identification (sic) »[156].

Essai d'intelligence du bien commun

« À chacun la manifestation de l'Esprit est donnée en vue du bien commun » (1 Co 12,7). À la suite de cette exhortation de l'apôtre Paul et de Marcel Mauss, on peut affirmer que tout don est un bien commun que personne ne devrait monopoliser et tous, en priorité le pauvre, y ont une sorte de droit de propriété[157]. Mais, qu'est-ce que le bien collectif et de quoi est-il constitué ?

Approche conceptuelle du bien commun

Le bien commun des collectivités et communautés politiques ne se limite pas exclusivement à la masse des ressources matérielles et économiques. Concrètement, les exigences et les composantes du bien commun sont plus amples et comprend des éléments tels que la paix, la justice, le travail justement rémunéré, le trésor public, le patrimoine culturel, l'éducation universelle et la participation à la culture et à la vie publique. Il se construit dans une promotion saine et équilibrée des prestations, des ressources industrielles et agropastorales, humaines et scientifiques dans un esprit de sobriété et de de solidarité coopérative surtout avec les plus vulnérables[158]. Dans une perspective toujours plus globale, le pape François voit en la création ce patrimoine commun confié par Dieu au genre humain. Pour le protéger et le promouvoir afin qu'il soit réellement au service de la vie humaine, un dialogue harmonieux et vertueux entre la politique et l'économie doit s'instaurer[159]. En outre, l'édification de ce bien collectif exige la participation de chaque être humain. L'étymologie du terme « commun » (*cum-unus* : avec/ensemble-un) exprime bien la signification du bien commun qui peut se définir comme l'ensemble de ce que chacun a d'unique ; l'intérêt commun ou supérieur est donc la somme harmonieuse de ce que chaque membre de la communauté est, a et apporte dans le grenier collectif. Et ce patrimoine/matrimoine est multidimensionnel. Il est composé du secteur économique irréductible au seul pôle marchand, social irréductible au seul pôle de l'intérêt, politique démocratique irréductible au seul pôle des libertés individuelles ou à celui des obligations collectives, culturel irréductible à un pôle de valeurs particulier[160].

Co-construction du bien commun

Dans ses propos magnifiant la puissance de la gestion interactive des entreprises, M. Boon a pu affirmer que : « On ne peut définir sa propre humanité qu'en fonction de l'interaction avec les autres »[161]. Ainsi donc, le bien commun se construit ensemble dans la fédération des efforts personnels et la mutualisation des ressources que sont les dons des uns et des autres.

Rappelons que nous sommes tous obligés, c'est-à-dire liés les uns aux autres par une dynamique du donner, recevoir et rendre. Ou encore, « We are wired to cooperate » (Nous sommes reliés pour coopérer), diraient des chercheurs de l'Emory University d'Altlanta dans un article publié en 2002 et cité par J. Godbout[162]. D'où l'importance du développement communautaire, méthodologie visant à transformer qualitativement aussi bien les personnes que les communautés, les plus déshéritées surtout, de manière holistique et durable[163]. Certes, on ne développe pas une personne, on ne développe pas une Nation. Elles se développent, non pas en s'enfermant hermétiquement et exclusivement sur elles-mêmes, mais en s'ouvrant à aux autres pour une coopération franche et équilibrée en vue d'un intérêt commun, d'un partenariat gagnant-gagnant.

En d'autres termes, le bien commun est une sorte d'entreprise collective,

> [une] *communauté* de travail dans laquelle les personnes collaborent librement pour produire des résultats mutuellement satisfaisants. L'un de ces résultats satisfaisants est l'amitié et la socialisation créées par la collaboration. Les gens travaillent dans des associations non seulement parce qu'il est efficace de le faire (même si ce n'est pas toujours efficace) mais aussi parce qu'ils sont des créatures sociales. Il n'est ni naturel ni personnellement gratifiant pour les gens de travailler dans l'isolément[164].

Donc, il est nécessaire de mettre en œuvre une dynamique de coopération et de pro-opération capable de conjuguer l'intérêt personnel et le bien commun, l'action individuelle et l'interaction, la dette mutuelle positive et la confiance, du type *Asset-Based Community Development* (ABCD)[165].

Ces quatre éléments clés de l'ABCD consistent à identifier et à mobiliser les potentialités, à privilégier les ressources et les solutions venant des bénéficiaires, à consolider les relations internes du groupe, à apporter un appui extérieur seulement quand les atouts locaux sont insuffisants. Il s'agit alors d'un développement communautaire basé sur les ressources endogènes cherche à responsabiliser les collectivités et chacun de ses membres dans la gestion de leurs propres potentialités. Ce faisant, cette approche reconnaît la dignité des personnes et les valorise, de manière qu'elles sortent de ce complexe d'infériorité qui leur fait croire qu'elles ne sont rien, n'ont rien et ne valent rien.

L'ABCD fonde son modèle de développement sur la dignité humaine et les valeurs intrinsèque de la personne comme relation par sa nature[166]. En vertu de cette ontologie relationnelle, le grenier du bien commun se construit dans l'interdépendance, la synergie, l'intelligence collective, la solidarité au sens positif du terme où l'on donne et reçoit. À ce propos, le pape Benoît XVI prescrira une moralisation de cette interaction avec comme critère référentiel la charité agapique. Il dit à cet effet : « Le risque de notre époque réside dans le fait qu'à l'interdépendance déjà réelle entre les hommes et les peuples, ne corresponde pas l'interaction éthique des consciences et des intelligences dont le fruit devrait être l'émergence d'un développement vraiment humain. Seule la charité, éclairée par la lumière de la raison et de la foi, permettra d'atteindre des objectifs de développement porteurs d'une valeur plus humaine et plus *humanisante*. Le partage des biens et des ressources, d'où provient le vrai développement, n'est pas assuré par le seul progrès technique et par de simples relations de convenance, mais par la puissance de l'amour qui vainc le mal par le bien (cf. Rm 12, 21) et qui ouvre à la réciprocité des consciences et des libertés ».

En somme, l'enjeu de la coopération visant l'intérêt personnel et collectif est basé sur le principe gagnant-gagnant et la confiance mutuelle. Ainsi, « chacun se sent en dette, positivement, vis-à-vis des autres et reconnaissant. Et à juste titre, puisque la coopération étant bénéfique pour tous, chacun reçoit en effet plus qu'il n'apporte »[167]. Dans cet élan, personne n'est si démuni qu'il n'ait rien à apporter. Aucune catégorie de personnes, fussent-elles économiquement pauvres, n'est disqualifiée. En tout cas, de l'avis de S. Corbett, B. Fikkert et D. Platt, beaucoup de communautés considérées comme démunies regorgent de potentielles variées et insoupçonnées qu'il suffira de mettre à contribution dans une dynamique participative de tous et pour tous[168]. Si dans la construction du bien commun tout le monde participe et personne n'est oisif, dans la consommation du bien commun tout le monde devrait gagner et personne ne devrait perdre.

Gestion des bénéfices du bien commun

À l'issue d'une mutualisation des efforts pour constituer le grenier commun, les bénéfices engrangés se consomment dans un système de péréquation ou distribution juste et équitable. Pour ce faire, les gouvernements ont non seulement le devoir imprescriptible de protéger le patrimoine commun contre toute forme de dilapidation et de prédation, mais aussi et surtout la responsabilité de mettre en œuvre des mécanismes aptes à « pourvoir aux besoins fondamentaux des personnes et à assurer un partage honnête et équitable des avantages et des charges »[169].

Chacun travaille pour soi et pour/avec tous en vue d'un gain personnel et communautaire. Partant, le bien commun et l'intérêt personnel vont de pair et ne sauraient être aux antipodes l'un de l'autre : « Les biens communs potentiels ne sont souvent que des instruments pour la réalisation de biens privés. Les employés travaillant ensemble pour rendre une entreprise rentable peuvent être moins préoccupés par la santé à long terme et l'intégrité financière de l'entreprise, que par les choses qu'ils peuvent acheter avec le salaire et les primes qu'ils reçoivent des opérations réussies de l'entreprise »[170]. Quand donc dans une entreprise le bien privé de chaque acteur est assuré, tous les interacteurs sont capables d'inestimables sacrifices pour le succès du *business*. Ils s'en approprient de sorte que la faillite de l'entreprise est leur propre perte et les gains sont aussi les leurs. Dès lors, il est normal et humain qu'en s'engageant dans une initiative d'intérêt commun, chaque personne se demande : qu'est-ce que je gagne en retour ? Cela n'entame en rien l'esprit de gratuité qui ne signifie nullement dépourvu d'intérêt. C'est justement le sens erroné de la gratuité qui ruine les initiatives collectives de développement. Beaucoup d'entre elles vont à la dérive quand tous s'échinent pour un ou quand un s'esquinte pour tous. Dans l'un comme dans l'autre cas, il y a une instrumentalisation d'un individu ou d'un groupe d'individus, une manipulation dont les conséquences nuisent à la dignité humaine et à l'intérêt collectif.

L'édification du bien commun exige que chaque interacteur comprenne comment ses efforts contribuent à ce bien et quel bien cela leur apporte. En termes de bénéfice également, bien commun devrait profiter aussi bien à l'individu qu'à la collectivité parce qu'il est cet ensemble de conditions qui rendent possible l'épanouissement individuel de chacun des membres de la communauté. Dès que le bien-être et l'épanouissement d'une catégorie de personnes n'est pas pris en considération, le bien commun perd son sens et n'atteint pas son objectif. Par conséquent, la libéralisation ou la privation des entreprises ainsi que le libre-échange devraient s'effectuer dans le respect du développement harmonieux de l'individu et du groupe. Pareillement, le capitalisme totalitaire et arbitraire est à bannir car les sociétés humaines ne sont pas composées d'individus juxtaposés et opposés, mais de personnes solidaires. Dans sa lettre encyclique *Deus Caritas est,* le pape Benoît XVI insiste sur l'importance qu'aucun être humain n'en vienne à manquer du minimum vital :

> L'Église est la famille de Dieu dans le monde. Dans cette famille, personne ne doit souffrir par manque du nécessaire. En même temps, la *caritas-agapè* dépasse aussi les frontières de l'Église ; la parabole du Bon Samaritain demeure le critère d'évaluation, elle impose l'universalité de l'amour qui se tourne vers celui qui est dans le besoin, rencontré « par

hasard » (cf. Lc 10, 31), quel qu'il soit. Tout en maintenant cette universalité du commandement de l'amour [...], dans l'Église elle-même en tant que famille, aucun membre ne doit souffrir parce qu'il est dans le besoin[171].

En d'autres termes, la construction et la consommation du bien commun commande une sorte de couplage des risques et des attraits[172] qui est une forme de mise en commun des gains et des échecs des multi-acteurs qui coopèrent pour l'intérêt collectif. En ce sens, « ce couplage peut être positif, ce qui traduit une certaine solidarité des acteurs entre eux. Je gagne plus si l'autre gagne aussi, je gagne moins si l'autre perd, je perds moins si l'autre gagne, je perds plus si l'autre perd aussi. Ce couplage peut être négatif, ce qui traduit un certain antagonisme : je gagne moins si l'autre gagne aussi, je gagne plus si l'autre perd, je perds plus si l'autre gagne, je perds moins si l'autre perd aussi »[173]. Pour garantir le renforcement d'un couplage bénéfique pour tous et chacun, il nous paraît nécessaire de dégager quelques principes importants.

Dynamique et principes de gestion du bien commun

La réciprocité positive et constructive est indispensable. Le principe de réciprocité n'est pas exclusivement le propre des relations diplomatiques. Il s'applique aussi au système des prestations totales, car le don « donné » et reçu implique naturellement une certaine réciprocité même quand il n'y a pas un contre-don rendu en échange.

L'acceptation du don est déjà en soi une forme de reconnaissance de la part du *recipiens*. D'où l'affirmation de J.T. Godbout : « Se priver du droit au retour ne signifie pas qu'il n'y a pas de retour »[174]. Refuser au bénéficiaire le droit ou devoir de rendre, même en prétextant la gratuité et le désintéressement, peut parfois se révéler un manque de reconnaissance ou une volonté implicite ou explicite de l'inférioriser. Précisons avec A. Testart que « ce n'est ni la réception d'un cadeau ni l'achat qui peuvent rendre inférieur, c'est l'incapacité où l'on risque de se trouver de ne pas pouvoir payer de retour. C'est l'impuissance avérée qui infériorise, et peu importe que ce soit à rendre un contre-don ou à payer un achat »[175]. En lui-même, le don n'infériorise donc pas. Au contraire il « honore le donataire d'autant mieux qu'il s'agit d'une distribution inégale : on donne plus à ceux qui sont plus.

La valeur de la donation est à la mesure de la valeur de celui qui reçoit. L'ampleur du don marque, comme le dit Barnett, l'ampleur de l'estime dans lequel le donateur tient le donataire [...] Seul le contexte social dans lequel il s'insère – la position de celui qui le reçoit, roi ou pauvre ; l'esprit dans lequel il est fait, de charité ou de défi ; etc. – peut marquer, souligner ou entraîner l'infériorité du récipiendaire tout comme il peut témoigner de sa supériorité »[176]. Cette velléité du donneur d'empêcher le donataire de rendre est inique, car « c'est par les dons non rendus que les sociétés dominées finissent par s'identifier à l'Occident et perdent leur âme »[177].

Après plusieurs expériences missionnaires dans les pays pauvres, le père français Lebret, qui aurait inspiré au pape Paul VI l'encyclique *Populorum Progressio*, avait fini par se convaincre qu'il était impératif de passer des formes d'assistance aux missions à de nouveaux styles de partenariat. Pour lui, en effet, « la coopération était l'unique forme possible de rapport entre l'Occident et le tiers-monde et que le Vieux monde ne pouvait pas imposer son modèle de développement aux jeunes peuples sans tomber dans un nouveau colonialisme »[178]. Comme pour corroborer l'indispensable réciprocité dans l'entrepreneuriat et la construction du bien commun, C. Papilloud et F. Adloff renchériront que « la stabilité des relations sociales s'enracine dans des rapports de gratitude qui produisent des liens de réciprocité, par des prestations et des contre-prestations. Sans un permanent donner et prendre, dit Simmel 'aucune société ne verrait le jour' »[179]. La dynamique et même la logique de toute relation interpersonnelle ou association non-profit ou à but lucratif s'inscrit dans cette mutualité et bilatéralité à la fois libre et obligée que A. Caillé appelle l'inconditionnalité conditionnelle. C'est le garant de la stabilité du lien social, des relations amicales, conjugales et même entrepreneuriales. C'est ici le cas d'affirmer que le don appelle librement le don.

Le principe de réciprocité vertueuse nous permet de nous arrêter sur le concept de la solidarité légendaire tant prônée en Afrique, une solidarité accusée souvent à raison de favoriser le parasitisme, le saprophytisme et l'esprit morbide d'assistanat chronique. Précisions aussitôt avec J. Ki-Zerbo que « la solidarité ne signifie ni démission de celui qui en bénéficie, ni déresponsabilisation »[180]. En fait, la solidarité, suivant J.T. Godbout, émet le double message suivant : « Je te donne parce que nous sommes semblables et que, en conséquence, rien ne dit que je ne pourrais pas avoir moi aussi besoin de toi. Tu es dans une mauvaise passe maintenant, mais cela peut m'arriver. Le retour est donc toujours possible, car je sais que tu ferais la même chose si c'était moi »[181]. Si tel est le cas, la solidarité vraie et authentique est indispensable dans la construction d'une Nation et d'une économie bénéfique pour tous. Elle est incontournable en ce sens qu'elle promeut l'interaction et l'entraide mutuelle.

Pour sortir du sous-développement, les Africains pris individuellement et les pays africains dans l'ensemble devraient purifier et s'approprier ce concept d'une économie solidaire et responsable par et pour tou(te)s.

Ce paradigme signifie que chacun(e) est prêt apporter du sien et à recevoir de l'autre pour le bien commun. Si, comme le dit R. Braglia, l'Afrique a deux mains[182], aucun(e) Africain(e) n'est manchot(e) : il/elle en a une pour donner, l'autre pour recevoir, les deux pour œuvrer à la construction du bien personnel et collectif. Dans cette optique, la solidarité comme exercice de la charité est à la fois volontaire (libre ou délibérée) et obligatoire[183].

Pour qu'elle atteigne des résultats probants, il faut, comme le note J. Ki-Zerbo, « infrastructurer la solidarité comme élément d'un bloc de transformation du monde à travers la transformation de notre monde. La solidarité seule peut être emportée par le vent. Mais si elle est fondée sur des conditions sociales, sur un espace économique viable par le fédéralisme, sur la formation permanente et l'éducation civique, elle peut servir de rampe de lancement ici et ailleurs. On peut démontrer que la solidarité est rentable ; parce qu'elle repose sur un facteur clé de l'économie de marché, mais pour dépasser certains éléments du marché »[184]. Une fois qu'elle s'exerce dans un cadre organique et organisé, elle oblige tous les acteurs à jouer librement le jeu du donner et du recevoir, de sorte à éviter tout parasitisme et assistanat dans la confiance.

Justement, comme le relève G.L. Cardinal : « Nous avons confiance lorsque nous savons que l'autre sera solidaire, de ce qui nous arrive »[185]. Le bien commun est une forme de centralisation et de péréquation équitable des dons. Dans ce jeu de contribution et de redistribution des gains et des pertes, la confiance joue un rôle capital. Le tiers-paradigme participe à son renforcement car il est performateur et opérateur de la confiance qui permet à tous ceux qui participent au jeu du don d'être gagnants [186]. C'est dire que sans la confiance, l'édification de l'État de droit et l'économie solidaire sont vains. Et donc, « ce n'est que sur une base de confiance, qu'il peut y avoir partage, ce qui, en tant que communauté, nous place dans un processus interactif africain totalement alternatif basé sur l'*Ubuntu* »[187]. Cette confiance, reconnaissons-le, est à la fois un risque et une ressource.

La confiance est avant tout une dynamique personnelle dans laquelle l'on se donne une certaine assurance après avoir fait le compte de ses potentialités. Pour Alain Duluc, cette confiance en soi se renforce par le truchement d'un ensemble systémique des leviers personnels que sont : la présence (se sentir impliqué, vivant), la détermination personnelle (se sentir déterminé, responsable), la conscience de soi (se connaitre soi-même), l'importance (se sentir important), la compétence (se sentir compétent), et enfin la sympathie (se sentir apprécié)[188]. La confiance est aussi une dynamique interpersonnelle entre deux ou plusieurs autres personnes, en l'occurrence entre les citoyens d'un même pays. Loin d'être une génération spontanée qui apparaîtrait par magie, « La confiance émerge quand les relations sont dynamiques, matures, honnêtes, valorisantes, coopératives et humaines »[189]. Elle se construit ensuite dans une certaine circularité et réciprocité, puisque « nous avons plus tendance à faire confiance à ceux qui nous font confiance et que nous acceptons de prendre des risques avec ceux qui acceptent des risques avec nous »[190].

Poursuivant sa réflexion, G. Le Cardinal ajoute ceci : « Je peux faire confiance à l'autre si je sais quels sont ses objectifs, si je suis sûr qu'il connaît les miens. Je peux faire confiance à l'autre si je sais qu'il agira en tenant compte à la fois de ses objectifs et des miens. Je peux faire confiance à l'autre si je sais qu'il fera ce qu'il a promis, qu'il dira ce qui a fait, qu'il pense ce qu'il dit et qu'il dit ce qu'il pense ; si je sais qu'il se réjouit quand je gagne et partage ma joie, qu'il compatit quand je perds et me soutient dans ma peine.

Il agit en tenant compte de moi, il connaît mes forces et mes faiblesses comme je connais les siennes »[191]. Autrement dit, quand les citoyens se font confiance, les institutions se stabilisent et le patriotisme se renforce. Car, écrit-il, « la confiance que les autres nous portent [...] contribue à nous construire, de même que la confiance que nous faisons aux autres les façonne. La confiance en soi ne peut se bâtir toute seule. Nous avons besoin du regard d'une personne en qui nous avons confiance pour construire notre confiance en nous »[192]. Dans les initiatives entrepreneuriales, la confiance est une ressource qui rend plus performants et productifs tant les employés que les entreprises. De fait, « c'est la confiance qui permet de donner le meilleur de soi-même et de recevoir le meilleur de l'autre : le travail dans la confiance peut devenir un plaisir et une source de progrès »[193]. En somme, c'est un capital et une ressource potentielle[194].

Sur le plan organisationnel la confiance se construit à partir d'un ensemble systémique des leviers que sont la participation, la responsabilisation ou *empowerment*, la transparence, la reconnaissance, la récompense et l'humanisme[195].La confiance gouvernés-gouvernants entre dans ce cadre interactif et apparaît comme une condition *sine qua non* dans la construction d'un État-Nation. Cette confiance donne naissance au contrat « qui vient délimiter le terrain de jeu, et en fixer les règles. Le contrat peut alors contribuer en retour par ses effets stabilisants au raffermissement de la confiance. Si certains contrats sont basés sur la confiance, d'autres sont basés sur la défiance »[196].

L'instabilité sociopolitique et économique des pays francophones d'Afrique s'explique partiellement par le déficit et même le défaut de confiance entre les citoyens, les gouvernés et les gouvernants, entre les États. Quand des politicards deviennent subitement des campagnards acharnés à l'approche des élections, promettent Ciel et Terre à leurs électeurs et ne se sentent plus redevables à leur égard parce que leur bilan est chaotique, quel crédit peut-on leur accorder ? Tant que cette épineuse question de la défiance mutuelle ne sera pas résolue à ces différents niveaux, tant que le contrat social basé sur la confiance ne sera pas rétabli entre États et citoyens, et surtout tant que la confiance ne sera pas rétablie entre les populations africaines et les institutions étatiques, on ne peut pas rêver d'un État de droit et d'une économie au service du bien commun. Il faut une bonne dose de confiance pour stabiliser l'interaction État et populations qui se traduit par le couplage des échecs et des revenus entre tous les citoyens : « on gagne ensemble et on perd ensemble »[197].

C'est ce mécanisme de mutualisation des pertes et des gains qui crée et consolide le climat de confiance entre gouvernés et gouvernants. Nul n'obtient *de facto* la confiance en décrétant qu'il est fiable et crédible. On la gagne en activant un ensemble systémique de leviers relationnels vertueux fondés sur la maturité, le dynamisme, l'honnêteté, la valorisation, la coopération, l'amabilité[198]. Ainsi prend forme un certain idéal de vie appelé convivialisme.

Le système convivialiste est le lieu où s'exerce les dons de sociabilité, en théorie sans exigence de contrepartie avec pour finalité d'entretenir la sociabilité, l'honorabilité dans l'amitié comme dans la parenté. Le convivialisme « est le nom donné à tout ce qui, dans les doctrines existantes, laïques ou religieuses, concourt à la recherche des principes permettant aux êtres humains à la fois de rivaliser et de coopérer, dans la pleine conscience de la finitude des ressources naturelles et dans le souci partagé du soin du monde »[199]. Dit autrement, c'est le savoir-vivre ensemble (*con-vivere*) dans l'interdépendance et la mutualisation des ressources, la bienveillance réciproque et le respect de la nature, l'art de s'opposer sans se massacrer[200]. Le don vertueux et agapique est l'instrument d'opérationnalisation de ce projet de convivialité et de développement humain intégral où l'entrepreneuriat et l'État de droit jouent un rôle de premier choix.

Le quadruple principe de commune humanité, de socialité partagée, d'individuation et d'opposition maîtrisée constitue la charte du manifeste convivialiste[201] qui est aux antipodes de toute tendance utilitariste et de toute aspiration à un état de supra-humanité, tandis que les autres pataugent dans des conditions infrahumaines[202]. La maîtrise de ces quatre principes permet d'extirper trois échardes contraires aux sociétés conviviales : « un fonctionnement exclusivement centré sur l'efficacité utilitariste ; la focalisation sur une croissance qui met en péril la nature ; et une chosification-marchandisation généralisée qui rend nos sociétés inhumaines »[203]. L'État et la société civile éviteront de tomber dans ces pièges en orientant « production et consommation pour produire plus de lien et moins de biens. Et cela sans renoncer au plaisir. Consommer, ce n'est pas seulement satisfaire ses besoins vitaux, « primaires » [...] Dans la société convivialiste à laquelle nous aspirons, chacun doit pouvoir avoir des vêtements qui le protègent du froid, mais sans renoncer au droit à séduire, à affirmer son individualité »[204].

En fait, il s'agit d'une quête commune du bien-être à la fois personnel et collectif, dans une société soucieuse de subvenir aux besoins de tous et de chacun, une société où liberté et égalité font bon ménage[205]. D'où la devise : « Tous pour chacun, chacun pour tous [pour une] société égalitaire et fraternelle »[206]. En vertu du bien et du développement intégral que promeut ce *modus vivendi*, le don qui s'y déploie est un véritable système de prestation totale, parce que justement il prend en compte l'individu et le groupe, l'obligation et la liberté, le matériel et l'immatériel.

Face à l'appétit vorace de l'axiomatique du gain qui caractérise *l'homo oeconomicus* contemporain dans ses relations interpersonnelles et interinstitutionnelles, il s'impose de retrouver la valeur non marchande et anti-utilitariste du don. Les échanges et rapports humains y gagneraient en qualité et en pérennité, la dignité humaine serait plus respectée et un véritable réseau mondial de solidarité se tisserait d'une manière plus bénéfique pour tous et chacun. Parmi les biens immatériels et non marchands indispensables au développement humain intégral se trouve le bonheur, l'aisance ressentie, la santé relationnelle, etc. « Le bien-être et l'harmonie de la communauté de travail vient avant le bénéfice »[207].

Le lien social sain contribue à la promotion de ces valeurs qui, en réalité, constituent le but ultime de l'économie et de l'État de droit. À quoi servirait à un homme d'engranger toutes les richesses du monde entier et de vivre malheureux ? Le bien-être psychologique est essentiel dans le développement qui, aujourd'hui, ne rend pas l'homme heureux. L'hygiène de vie, la qualité du lien social, l'harmonie avec l'environnement sont indispensables. Sans cela, nos économies ne font que générer des riches malheureux qui, ayant tout le confort et l'assurance économiques, ne vivent pas dans la paix. Au total, le convivialisme est un idéal de *praxis* du don comme relation dans le respect de toute subjectivité (individualisme méthodologique) et dans la promotion de l'intersubjectivité (la totalité sociale). Dans les sociétés convivialistes, on vit dans un état d'endettement mutuel positif.

Avant d'aborder la question de la dette comme principe de société[208], faisons une brève allusion à sa dimension économique pour dénoncer le joug des dettes injustes qui plombent le développement des pays africains. L'allègement du poids de la dette des pays économiquement infortunés a sans cesse fait l'objet d'une grande attention de l'Église, tant et si bien que Jean-Paul II a voulu se faire la voix des sans-voix quand il disait : « Je ressens avant tout le devoir d'exhorter 'les chefs d'État et leurs gouvernements en Afrique à ne pas écraser leur peuple par des dettes intérieures et extérieures'. Je lance un appel pressant 'au Fonds monétaire international, à la Banque mondiale, ainsi qu'à tous les créanciers pour qu'ils allègent les dettes écrasantes des pays africains' »[209]. C'est une exigence de solidarité effective et de fraternité internationale que Benoît XVI a appelé de tous ses vœux, à savoir inscrire « dans les relations marchandes le principe de gratuité et la logique du don, comme expression de la fraternité »[210].

Nous dirions même qu'il faut *démercantiliser* le concept de la dette car paradoxalement, l'antidote à la servitude de la dette économique est la dette sociale. C'est justement pour cette raison que notre réflexion sur l'endettement mutuel positif ne se fera pas sous l'angle de la technique financière, mais plutôt dans la perspective d'une analyse du lien social et des conditions du vivre-ensemble[211].

C. Giraud définit la dette comme « une obligation contractuelle réciproque[212] entre des individus en capacité de la contracter pour les uns et de se voir reconnaître une créance pour les autres. Entre les parties en présence, il existe une reconnaissance réciproque, d'une capacité de décision reposant *in fine* sur une égalité de condition »[213]. Pour J.T. Godbout, la dette sociale vertueuse ne crée pas de culpabilité, mais suscite un sentiment de gratitude qui pousse à donner à son tour sans jamais être quitte :

> Personne n'est jamais quitte vis-à-vis de tous ceux qui ont été les plus importants dans notre vie : parents, amis, amours,

maîtres. L'idée d'être quitte est finalement la manière marchande de régler le problème de la dette, en la liquidant et en quittant la relation, en signant une quittance ! Or ce n'est pas en sortant du lien qu'une dette sociale est résolue, mais en l'assumant, en la reconnaissant et en donnant à son tour. Ou en la refusant si le don est fait pour humilier, pour affirmer le pouvoir du donneur sur le receveur ; en la refusant et en réclamant justice, en passant du registre du don à celui de la justice[214].

Abondant dans le même sens, A. Caillé met en exergue la prévalence du sentiment d'endettement mutuel positif dans le régime du don. À cet effet, « chacun a le sentiment que l'autre donne plus qu'il reçoit. Le don et la confiance apportent de tels bénéfices qu'il est évidemment tentant, pour un *homo oeconomicus* plus ou moins stratège ou cynique, de les utiliser à son profit. De faire de tout petits dons pour en recevoir de très gros »[215].

En dépit de ce risque qui pourrait rendre douteux et utopique un projet de vie sociale axé sur la dette, le contrat social comme situation d'endettement mutuel positif demeure néanmoins un défi et une provocation lancés à l'État de droit et de l'économie de nos sociétés contemporaines, même si la dette dont il est question ici n'a pas une valeur économique. A. Caillé affirme à cet égard que « là où l'obligation incite à s'acquitter d'une dette, là où l'intérêt marchand et instrumental pousse à sortir du registre de la dette en équilibrant à chaque instant les droits et les devoirs, les débits et les crédits, le don et l'action associative incitent à entrer dans le cycle de la circulation de la dette qui, lorsqu'il fonctionne bien, crée l'endettement mutuel positif »[216].

Au-delà de ses aspects contraignants et répugnants, l'état d'endettement réciproque positif est souvent intéressant et sécurisant. À notre avis, il est garant d'un vivre-ensemble qualitatif. L'avantage qu'on en tire, c'est de dépendre – sans vivre aux dépens – du groupe social auquel on est lié et de bénéficier constamment de sa protection tout en participant activement à son édification. La dette que chaque individu a par rapport à sa société est cette obligation de prendre activement part « à la production des richesses et en tirer des avantages, comme l'estime de soi. La dette est par ailleurs, celle que nous avons envers ceux qui nous permettent de mieux vivre, quel que soit leur apport et leur domaine d'action »[217]. Socialement parlant, celui qui est quitte par rapport aux autres, est en péril, car l'acquittement signifie rompre la relation[218] et renier le passé. Il ne faut jamais perdre de vue que la dette problématise le bien commun, le vivre-ensemble et les ramifications des liens sociaux, qu'ils soient familiaux, associatifs, religieux, économiques, politiques, etc.[219]. Dans un monde où les relations interpersonnelles et internationales sont extrêmement tendues et fragiles, le principe de la dette *démarchandisée* devrait régir davantage la coopération mondiale et amener les pays du Nord comme ceux du Sud à assumer leur interdépendance et redevabilité réciproque. C'est l'exigence d'échange vertueux au service de tout homme et de tout l'homme.

En effet, la dignité humaine comme critère social et éthique est non négociable dans la construction et la gestion du bien commun. La politique et l'économie qui constituent le grenier collectif sont en dernier ressort au service de la vie de l'être humain et de l'écologie intégrale. Il est important de repenser une économie qui ne tue pas[220], mais qui soit promotrice et protectrice de la vie et de l'environnement. Dans cette logique, « une entreprise qui n'a pas pour but un authentique bien humain ne peut pas, par définition, être une *bonne* entreprise. Les salariés ne sont pas seulement un facteur de production supplémentaire qui est à gérer le plus efficacement possible, mais plutôt des collaborateurs volontaires de l'entreprise. À ce titre, leur dignité en tant que personnes doit être respectée, par exemple, dans la manière dont les emplois sont conçus »[221]. De même, la responsabilisation des personnes est une exigence du respect de la dignité humaine. Dit autrement, le respect de la dignité de la personne humaine passe impérativement par sa responsabilisation. Le paternalisme qui consiste à faire pour les personnes ce qu'elles sont en mesure de faire d'elles-mêmes est une atteinte grave à la dignité humaine. De fait, « la responsabilité personnelle est essentielle pour le bien-être social, émotionnel et spirituel. Faire pour les autres ce qu'ils ont la possibilité de faire par eux-mêmes, c'est les priver de leur autonomie. Les impacts négatifs de l'aide sociale ne sont pas différents quand des organisations religieuses et caritatives les provoquent [...]. La personne qui aide vraiment est celle qui encourage, qui entraîne, un partenaire et non un tuteur »[222].

Sur cette question, on a encore l'impression que les pays francophones d'Afrique ne sont pas encore sevrés et que le cordon ombilical qui les lie à leur métropole française n'est pas encore coupé. À qui la faute et à qui cela profite ? En tout état de cause, ce sont ces genres de lien toxique qu'il faut dénoncer et rompre. Moraliser et humaniser l'économie et la politique est une opération à la fois noble et urgente pour qu'elles soient vraiment au service de la dignité humaine et du bien commun. Cette moralisation passe par la reconnaissance, c'est-à-dire le respect de l'identité et des potentialités des peuples et des personnes.

En fait, dira A. Caillé, ce qui est plus important dans la relation du don, ce n'est pas la satisfaction des besoins, mais le fait « d'être reconnu »[223] justement, parce que le don crée un espace où l'identité sociale et personnelle a des chances de grandir et de se construire tout comme elle y court des risques de se détruire. Elle peut y être renforcée comme elle peut y être menacée[224]. Notons avec I. De Sandre que, de plus en plus, cette reconnaissance devient une attente et une exigence croissante des individus comme des collectivités. En effet, « aujourd'hui toute personne, toute culture exige reconnaissance, respect de sa vie et de ses opinions. Reconnaissance de la dignité de son *ethnos* et *ethos* propres, des droits, de la sécurité, de l'expressivité corporelle, physique et de genre »[225]. Sur la balance globale de la géopolitique et de l'économie mondiale, l'Afrique n'est pas reconnue dans les instances de prise de décisions. Pour preuve, l'Union Africaine avec ses 55 pays membres et 1,39 milliard de personnes a du mal à se frayer une place dans le Conseil permanent des Nations Unies. Cela a bien pu faire dire à Jean-Paul II que « dans un monde contrôlé par les Nations riches et puissantes, l'Afrique est pratiquement devenue un appendice sans importance, souvent oublié et négligé par tous »[226]. Et pourtant, le continent africain est non seulement un des poumons spirituels de l'humanité[227], mais aussi et surtout le plus important grenier de matières premières au monde. Tant que dans les rapports de coopération Nord-Sud ne seront pas d'égal à égal et gagnant-gagnant, qu'on ne s'étonne pas que la politique et l'économie deviennent une jungle, un champ de bataille où les rivalités s'affrontent… mortellement. Or sans paix ni sécurité, le développement humain intégral est une pure chimère.

Le *Shalom*, synonyme du bien commun

« Le développement est le nouveau nom de la paix »[228]. Commentant cet enseignement de Paul VI sur l'importance de la solidarité dans le développement des peuples aux niveaux national et international, Jean Paul II affirmait dans *Ecclesia in Africa* n°69 « que le développement intégral suppose le respect de la dignité humaine qui ne peut se réaliser que dans la justice et la paix ». Et M. Berrard de nous avertir en 1997 :

> Le prochain siècle pourrait être celui de la violence ou, au contraire, celui de la coopération, selon que nous apprenons à privilégier les actions instrumentales et stratégiques visant à triompher d'autrui, ou bien les actions communicatives orientées vers l'intercompréhension [...] Entre la violence et la coopération, il faut choisir, même si les deux tendances – la plus fruste et la plus haute – coexistent en permanence en chacun d'entre nous[229].

Au regard de la géopolitique internationale actuelle et de la cartographie mondiale des conflits en cours, notre auteur est un visionnaire. Le multilatéralisme a, en effet, poussé les Nations à multiplier les alliances et les partenariats mais dans une ambiance belligène et même belliqueuse.

L'omniprésence de la guerre et l'exacerbation de la violence fait planer sur notre planète le spectre d'une guerre nucléaire aux conséquences cauchemardesques et même apocalyptiques. Or, l'absence de paix est destruction du bien commun difficile, sinon impossible, à promouvoir en temps de guerre. En langage plus positif, la sécurité et la stabilité sociopolitique ne sont pas seulement des conditions fondamentales préalables au développement humain durable et intégral, mais aussi un binôme et même un synonyme du bien commun. C'est donc à juste raison que le pape Paul VI a pu affirmer que le développement est le nouveau nom de la paix. Inversement, l'autre nom de la paix, c'est le développement humain intégral.

Pour s'en convaincre, il suffit de constater que les pays, même riches qui connaissent la guerre et des troubles sociopolitiques, ont leur économie et développement en berne. En outre, les causes des conflits et la notion du *shalom* pourraient bien expliciter la coextensivité et la réversibilité des deux concepts. Les conflits sont des troubles et des dysfonctionnements du bien commun. Mentionnons en passant que la conflictualité se joue autour des principaux éléments constitutifs du bien commun, à savoir l'avoir, le pouvoir, les valeurs culturelles, religieuses et morales... Cela nous convainc davantage que le bien commun et la paix sont interdépendants et indissolublement liés, parce qu'ils partagent entre eux les mêmes dénominateurs communs et se conditionnent mutuellement ; tant et si bien qu'une paix qui n'est pas le fruit du développement intégral n'aura pas d'avenir et sera toujours semence de nouveaux conflits et de diverses formes de violence en perpétuelle rétroalimentation. La première violence, dira J.T. Godbout, « [c'] est la perte du lien, de ce qui nous attache à celle qui nous donne tout. Et la première expérience sociale à assumer est celle de cette distance nécessaire qui permet de devenir donateur à son tour, d'imiter le don, qui permet la mimésis positive »[230].

Cette violence génère la pauvreté enracinée dans la fissure des relations fondamentales avec Dieu, soi-même, les autres et la création et qu'il faut restaurer en partant des acquis déjà disponibles[231]. De fait, « la pauvreté est le résultat des relations qui ne marchent pas, qui ne sont pas justes, qui ne sont ni harmonieuses ni agréables, qui ne sont pas au service de la vie. La pauvreté est l'absence du *shalom* dans tous ses sens »[232].

Dans cette perspective, nous notons avec A. Caillé qu'« avant même de pouvoir commencer à produire et à échanger des biens matériels utiles, il faut commencer par faire la paix en s'accordant mutuellement une reconnaissance première inconditionnelle »[233]. Le cas échéant, les échanges devraient contribuer à la culture de la paix, car le don vertueux et agapique facteur de cohésion transforme l'ennemi en ami. Il est un des meilleurs outils de l'artisanat de la paix. L'art de donner, recevoir et rendre aide à vaincre la tentation de transformer les différences en différends et la diversité en adversités ; « En un sens, écrit-il, il n'y a que deux grandes manières de faire société, de créer un lien social là où il n'existe que par séparation ou hostilité, la violence supérieure ou l'ad-sociation [...] Le don est le moyen par lequel se noue le pacte associatif. [...] Il ne peut se former que dans le registre de l'inconditionnalité conditionnelle, celui dans lequel chacun s'engage à donner inconditionnellement à chacun, mais se montre tout aussi disposé à se retirer du jeu, à tout moment, si les autres ne jouent pas »[234].

D'ailleurs, il le précise dans les premières phrases de son ouvrage : « Si l'anti-utilitaire doit l'emporter hiérarchiquement sur l'utile, englober toute fonctionnalité, c'est parce qu'avant même de produire des biens ou des enfants, c'est d'abord le lien social qu'il importe d'édifier. Que le lien l'emporte plus que le bien, voilà ce qu'offre le don. Mais 'anti-utilitaire' ne signifie nullement an-utilitaire, inutile, gratuit (au sens de sans motif), sans raison d'être. Bien au contraire, rien n'est plus précieux que l'alliance scellée par le don puisque c'est elle qui permet le passage, toujours révocable, de la guerre à la paix et de la défiance à la confiance. C'est pourquoi il importe de rivaliser de générosité en poursuivant en somme, paradoxalement, la guerre par les moyens de la paix »[235].

Ainsi les conflits fratricides, les hostilités réciproques et les divisions qui mettent à dure épreuve la paix et le bien commun seront dépassés. Pour ce faire, la philosophie de l'*Ubuntu* et incontournable.

L'*Ubuntu*, un système africain de prestations totales

Nous disions à l'introduction que tant que l'État de droit et l'économie ne seront pas enracinés dans les mentalités et les schèmes culturels africains, le *fiasco* est assuré. Les modèles économiques et politiques à l'occidentale ne sont pas forcément convenables, transposables ni imposables à l'Afrique. L'instabilité sociopolitique et économique actuelle des pays africains francophones pose, à notre avis, un problème de paradigme. Les régimes politiques et les modèles économiques propres à l'Afrique doivent être caractérisés par une certaine endogéneité, c'est-à-dire inspirés par et enracinés dans les us et les coutumes authentiquement africains. Jusqu'à présent, les pays africains vivent par procuration en faisant du copier-coller des systèmes de gouvernance et de développement en dissonance avec leur africanité. Ce n'est donc pas étonnant qu'ils prennent du plomb dans l'aile. Pour prendre de l'essor et pouvoir émerger, l'État-Nation de droit et l'économie du don devront s'inspirer davantage de l'*Ubuntu*, cette philosophie dynamique de production et de consommation du bien commun, de l'édification d'un véritable État-Nation.

L'*Ubuntu,* qui signifie en langue *zoulou* « je suis parce que nous sommes » ou « sans l'autre, je n'existe pas ; sans l'autre je ne suis rien, ensemble nous ne faisons qu'un », est à la fois une *forma mentis* et un *modus vivendi* qui valorise l'individu (mieux la personne) et la communauté tout en privilégiant le lien entre les personnes. Autrement dit, « c'est un modèle de réalisation de l'unité dans la diversité, dont les valeurs humaines telles que la générosité, l'hospitalité, l'amitié, la compassion, la solidarité, l'entraide, le partage, sont indissociables »[236]. Pour J. Ki-Zerbo, « *Ubuntu,* c'est le collectif humain solidaire. Mais cette solidarité structurelle et quasi immanente ne saurait prévaloir sur les pulsions égoïstes de l'être humain que si ce dernier est perçu par chaque culture comme une entité, une espèce singulière, dotée de droits exclusifs et chargée de devoirs incontournables. Le 'je' et le 'nous' sont inextricablement noués et ne peuvent s'épanouir que dans un échange dialectique qui garantit la paix »[237].

En quoi ce mode africain de mutualisation des ressources et de péréquation des gains peut-il inspirer les projets politiques et économiques en Afrique francophone ? Tout simplement parce qu'il est un mode et modèle africain de donner, recevoir et rendre dans la réciprocité et la circularité basé sur l'humain. En effet, comme essence de l'être humain, l'*Ubuntu* est un don de l'Afrique au monde, un don qui « embrasse l'hospitalité [...], la capacité de se dépasser pour les autres. Nous croyons qu'une personne n'existe qu'à travers les autres, que mon humanité est inextricablement liée à la tienne. Si je te déshumanise, je me déshumanise inexorablement moi-même. L'être humain solitaire est en soi une contradiction. C'est pourquoi tu cherches à œuvrer pour le bien commun parce que ton humanité y trouve son appartenance »[238].

En termes politiques et économiques, il s'agit d'une philosophie collectiviste « fondée sur la loi de *tous pour un, un pour tous* : l'individu indissociable de la collectivité, la collectivité indissociable de l'individu »[239], la société africaine précoloniale ayant vraisemblablement reposé sur cette symbiose et même osmose collectivité-individu, individu-collectivité[240]. Le socialisme africain de Julius Nyerere avait tenté en son temps de mettre en œuvre cette culture de l'*Ubuntu* dans l'édification de sa chère Tanzanie. En dépit de la noblesse de ses objectifs, l'expérience a mis à nu les difficultés pour les Africains de s'associer pour construire ensemble le bien commun et leurs patries respectives. Il interroge et inspire la libre circulation des biens ou le libre-échange entre les pays africains : quelle est la santé de l'intégration africaine ? Peut-on prôner l'*Ubuntu* et nourrir en même temps égoïsmes et antagonismes contreproductifs ? En tant que synthèse de l'individualisme et de l'holisme dans la politique et l'économie, comment l'*Ubuntu* inspire-t-il les organisations africaines comme l'Union Africaine (UA), l'Union Economique et Monétaire Ouest Africaine (UEMOA), la Communauté Economique des Etats de l'Afrique de l'Ouest (CEDEAO), etc. dans la formation d'un réseau de l'intégration africaine ? Et si, au lieu d'être des instruments de division et balkanisation, des machines à pondre des sanctions contre les Nations assoiffées de souveraineté, ces organisations africaines tissaient des liens et construisaient des ponts entre les Africains de toutes les Nations africaines ? À quand les États Unis d'Afrique ? Les récents rapprochements entre le Mali et le Burkina Faso avec des rumeurs sur une ouverture à la Guinée-Conakry, le Niger et le Tchad (à vérifier) sonnent-ils les débuts d'une nouvelle ère pour le rassemblement des États francophones d'Afrique ?

Evidemment il s'agit d'un chantier parsemé d'embuches ; mais le rêve est permis surtout quand il se fait en état de veille et d'éveil. En tout état de cause, nous croyons que la précarité et la pauvreté des États africains se trouve dans leurs divisions. Il est plus que jamais temps de cultiver l'*Ubuntu*, cette convivialité africaine fondée sur le don qui problématise les questions éthique, politique, écologique, économique et les principes de commune humanité, de commune socialité, d'individuation et d'opposition maîtrisée.

CONCLUSION GÉNÉRALE

Somme toute, « étudier le don aujourd'hui, c'est affirmer que la discipline économique n'a plus le monopole de l'étude de la circulation des choses et que, dorénavant, les sciences sociales ne se contenteront plus de lui emprunter ses modèles pour comprendre les liens sociaux. Elles oseront développer d'autres modèles, pouvant s'appliquer autant à ce qui circule qu'aux biens, et aux rapports entre les liens sociaux et ce qui circule »[241]. C'est avec cette assertion de J.T. Godbout que nous nous acheminons vers la fin de notre réflexion. Que ce soit en matière économique, politique ou toute autre discipline, retenons que le don agapique intervient pour exorciser les démons de l'individualisme méthodologique et de l'holisme normatif afin de rétablir une certaine harmonie interpersonnelle et inter-institutionnelle grâce au commandement de l'amour désintéressé et libre. Cette adresse de l'Apôtre Paul est interpellateur à ce propos : « Vous avez été appelés à la liberté. Mais que cette liberté ne soit pas prétexte pour satisfaire votre égoïsme ; au contraire, mettez-vous, par amour, au service les uns des autres. Car toute la Loi atteint sa perfection dans un seul commandement, et le voici : tu aimeras ton prochain comme toi-même. » (Ga 5, 13-14) Cet *agapè* est l'essence du don inconditionnel et réciproque, libre et obligé qui, pour s'exercer, a besoin d'un cadre régi par des règles et une déontologie, quitte à le déborder[242].

C'est à cette condition que le don agapique peut servir d'antidote aux injustices et aux disparités, à la corruption et à la pauvreté ainsi qu'aux dysfonctionnements politiques et économiques qui fertilisent et alimentent les conflits et l'insécurité. Ainsi les peuples des Nations francophones d'Afrique pourront retrouver une certaine convivialité[243] dans le dialogue interreligieux, interculturel, la cohésion sociale qui garantit la paix durable.

En langage africain, c'est l'*Ubuntu* promoteur du bien commun dans la mutualisation-réciprocité, la solidarité obligataire et l'endettement mutuel positif. C'est à juste titre que J. Ki-Zerbo appelle *Ubuntu* « le sapeur-pompier avant le pyromane. C'est la prophylaxie massive de la pauvreté avant l'apport dérisoire de pommades cosmétiques et anachroniques dites de l'allègement de la pauvreté »[244]. La solution d'un État-Nation résilient et d'une économie émergente ne se trouve donc pas exclusivement entre mains de l'*homo economicus* ni de l'*homo strategicus*, mais dans le tiers profil inclusif de l'*homo donator*. En clair, les échanges réciproques et circulaires du don[245] agapique constituent le ciment de la construction de la paix sans laquelle le marché entrepreneurial ne saurait être prospère et l'État de droit ne pourrait survivre. Ces échanges qui consolident la convivialité ne sont pas une alternative. Elle s'impose, car « aucune mutation historique, aucune évolution, aucune révolution politique, sociale ou religieuse n'a été possible, en effet, sans que des membres des couches dominantes ne rallient la cause des dominés en sacrifiant leurs intérêts immédiats, matériels, de pouvoir ou de prestige, à des intérêts de commune humanité et de commune socialité »[246]. Il est intéressant que A. Caillé fasse allusion ici á l'option préférentielle pour les pauvres et à la solidarité avec eux. Cela nous rappelle le double concept de la sobriété et de la frugalité.

La démesure est à l'origine du mal-être de l'homme et de la femme postmoderne. On comprend pourquoi la pratique des régimes alimentaires est diffuse dans nos sociétés consuméristes. Conscients que l'excès ou le manque nuit à la santé, chacun s'évertue à observer une diète équilibrée. C'est une question vitale car, pendant que les uns meurent pour avoir excessivement mangé ou bu, d'autres végètent par manque de pitance ou d'eau. Seul le don agapique (non pas la cession du superflu) peut permettre de retrouver l'équilibre qui permettra à tout le monde de pouvoir jouir du juste et vital nécessaire. Seul le don répare les injustices et les disparités causées par les tendances antagonistes et même agonistiques de la croissance et la décroissance. Bien entendu, cela ne se pourrait qu'à condition de promouvoir le *care* qui ne consiste pas seulement à prendre soin de soi uniquement, mais aussi à veiller au bien-être des autres, aux relations tout court[247].

Cela suppose que tous et chacun acceptent de s'inscrire à l'école du don pour une éducation ou une rééducation en la matière : dans un monde majoritairement marqué par la rationalité instrumentale, nous sommes plus enclins à recevoir qu'à donner, tentés de gagner vite et facile plutôt que d'accepter parfois de perdre pour gagner. Pour booster les valeurs et résorber les peurs du tiers paradigme, il convient de promouvoir une culture du don qui parte de la redécouverte du sens de la famille, lieu par excellence d'apprentissage et de transmission du don authentique et suprême de la vie partagée dans l'amour, la gratuité et la réciprocité asymétrique. Quoiqu'en crise aujourd'hui, la famille fondée par un homme et une femme est l'école basique du don : ses facultés, les valeurs du Règne de Dieu, celles humaines et chrétiennes s'apprennent dans la cellule familiale dont la vocation est de devenir une Église domestique. L'unité domestique traditionnelle est une entité politique et économique en miniature. En tant qu'unité de production et de gestion des biens (*oiko-nomos*), elle se présente comme lieu d'exercice du pouvoir et de transmission des valeurs humaines et morales.

En harmonie avec les autres agents socialisateurs que sont l'école, les moyens de communication, les cadres d'enseignement et de pratique religieuse, la culture du don vertueux peut être enseignée et vécue. À notre avis, c'est le véritable lieu où l'on apprend non seulement à être homme ou femme, mais surtout à être humain(e). Avis donc aux familles et écoles, « précieux instruments pour apprendre à tisser dans la société, dès l'enfance, des liens de paix et d'harmonie par l'éducation aux valeurs africaines assumées par celles de l'Évangile »[248].

D'autres valeurs promues par l'*Ubuntu* et qui constituent une sorte de *praeparatio evangelica* à cultiver dans le système éducatif sont l'équité, la tolérance, le multilinguisme, l'ouverture, la responsabilité, l'honneur social ainsi que les idéaux et concepts de démocratie, justice sociale, égalité[249], etc.

NOTES

[1] J. GODBOUT, *L'esprit du don*, La Découverte, Paris 2007,37.
[2] FRANÇOIS, Lettre encyclique *Laudato sì* (24 mai 2015), n°197.
[3] A. CAILLÉ, *Anthropologie du don*, La Découverte, Paris 2007,124.
[4] A. TESTART, *Critique du don*, Syllepse, Paris 2006, 8.
[5] M. GODELIER, *L'énigme du don*, Flammarion, Paris 2008, 20
[6] C. FUMAGALLI, « Instruments de travail », in *Le Don. Amitié et paternité*, (Donner raison 13), Lessius, Bruxelles 2003, 79.
[7] P. GILBERT, « Donner », in *Le Don. Amitié et paternité*, (Donner raison 13), Lessius, Bruxelles 2003, 8-9.
[8] Plutôt qu'une séquence ternaire de l'acte unique du don (donner, recevoir, rendre), M. Godelier parle d'une tétradimensionnalité du don, c'est-à-dire demander, donner, recevoir, rendre. Malgré sa pertinence, nous n'insisterons pas sur la première phase, c'est-à-dire demander.
[9] A. TESTART, *Critique du don*, 195.
[10] C'est une " obligation de liberté " (A. Caillé, *Anthropologie du don*, 36) car dans la dynamique du don, il n'y a pas d'alternative entre obligation et liberté. (J-T. Godbout, *Ce qui circule entre nous : Donner, recevoir, rendre*, Seuil, Paris 2011, 239. Les deux, quoiqu'apparemment antinomiques vont de pair.
[11] M. MAUSS, *Essai sur le don*, PUF, Paris 2007, 176-177.
[12] Mentionnons au passage le concept de *mana* que M. Mauss définit comme l'honneur, le prestige, l'autorité, le talisman, force magique qui confère la richesse. *Ibid.*, 78.C. Lévi-Strauss que M. Godelier cite le désigne avec les termes de « truc » ou « machin », simple forme ou plus exactement symbole à l'état pur, donc susceptible de se charger de n'importe quel contenu symbolique ou tout simplement une valeur symbolique zéro. Cf. M. GODELIER, *L'énigme du don*, 34.
[13] M. GODELIER, *L'énigme du don*, 67.
[14] M. MAUSS, *Essai sur le don*, PUF, Paris 2010,73.
[15] A. CAILLÉ, *Anthropologie du don*, 265 ; ID., *Théorie anti-utilitariste de l'action ; fragments d'une sociologie générale*, La Découverte, Paris 2009, 81.
[16] G. CARVALHO - S. DZIMIRA, *Don et économie solidaire*, MAUSS/GERFA/CRIDA, Rouen 2000,69.
[17] A. CAILLÉ, *Théorie anti-utilitariste de l'action ; fragments d'une sociologie générale*, 98.
[18] A. CAILLÉ, *Théorie anti-utilitariste de l'action ; fragments d'une sociologie générale*,127-128.
[19] R.D. LUPTON, *Toxic Charity*, 142.
[20] S. CORBETT - B. FIKKERT - D. PLATT, *When Helping Hurts*, 14.

[21] A. CAILLÉ, *Anthropologie du don*, 35.
[22] M. MAUSS, *Essai sur le don*, (Introduction de F. Weber), 30.
[23] F. WEBER, « Vers une ethnographie des prestations sans marché », in M. MAUSS, *Essai sur le don*, PUF, Paris 2010, 44.
[24] A. TESTART, *Critique du don*, 159-170.
[25] Ces trois sens de l'échange se trouvent dans le Dictionnaire « Le Petit Robert » cité par A. TESTART, *Critique du don*, 14.
[26] A. TESTART, *Critique du don*, 16.
[27] Pour S. Petrosino, « Le vivant se soumet à la loi de la réciprocité et de l'échange, de la réciprocité comme échange ». Cf. S. PETROSINO, « "Le fils" ou "Du père". Sur le don reçu », 50. Et A. Testart met en garde contre une confusion de l'échange et de la réciprocité « car si l'échange est bien une forme de réciprocité, il s'en faut que toute réciprocité soit échange. Enfin, la réciprocité mise en jeu dans la réparation n'est pas la même que dans l'échange. La réparation, n'étant ni du don ni de l'échange, est un transfert d'un autre type, ce que nous appelons un t3t, un transfert du troisième type. » Cf. A. TESTART, *Critique du don*, 20-21. Et il ajoute plus loin : « L'échange implique réciprocité, c'est évident. Mais réciprocité n'implique pas échange. Et le don, comme le transfert pour dépendance, sont susceptibles de réciprocité. » CF. A. TESTART, *Critique du don* , 60.
[28] A. TESTART, *Critique du don*, 127-157.
[29] A. TESTART, *Critique du don*, 27–29. Ces pages mettent bien en relief le rôle combien capital de la contrepartie dans l'échange.
[30] A. TESTART, *Critique du don* , 48.
[31] A. TESTART, *Critique du don*, 159.
[32] A. TESTART, *Critique du don*, 30-31.
[33] S. PETROSINO, « "Le fils" ou "Du père". Sur le don reçu », 53.
[34] J. DERRIDA, *Donner du temps*, 26-27, cité par S. PETROSINO, « "Le fils" ou "Du père". Sur le don reçu », 56.
[35] *Ibid.*, 58.
[36] M. GODELIER, *L'énigme du don*, 152.
[37] S. PETROSINO, «"Le fils" ou "Du père". Sur le don reçu », 47.
[38] S. PETROSINO, *Op. cit.*, 76.
[39] Avec le don on échange et sous les échanges se trouve le don. J. GODBOUT, *L'esprit du don*, La Découverte, Paris 2007, 289.
[40] S. PETROSINO, *Op. cit.*, 46.
[41] A. TESTART, *Critique du don*, 24.
[42] A. TESTART, *Critique du don*, 56-57.
[43] Dans l'ancienne France, la dot « était un transfert de troisième type, un transfert exigible, mais qui ne permettrait pas d'exiger quoi que ce soit en retour, car le versement de la dot ne conférait au père aucun droit sur son gendre, pas même celui de voir sa fille mariée – les lois sur le divorce étant régies par une législation indépendante de celle

relative à la dot. » Cf. A. TESTART, *Op. cit.*, 51-52.

[44] A. TESTART, *Op. cit.*, 51.

[45] *Ibid.*, 221.

[46] *Ibid.*,74.

[47] J.T. GODBOUT, *Ce qui circule entre nous*, 321.

[48] M. GODELIER, *L'énigme du don*, Champs essai, Paris 2010 ; Alain TESTART, *Critique du don. Étude sur la circulation non marchande*, Syllepse, Paris 2007.

[49] J.T. GODBOUT, *L'esprit du don*, 291.

[50]ID, *Ce qui circule entre nous*, 195.

[51] A. CAILLÉ, *Anthropologie du don*, 263.

[52] *Ibid.*, 9.

[53] M. GODELIER, *L'énigme du don*, 21.

[54] A. CAILLÉ, *Anthropologie du don*, 85.

[55] A. CAILLÉ, *Don, intérêt et désintéressement. Bourdieu, Mauss, Platon et quelques autres*, 38.

[56] A. CAILLÉ, *Anthropologie du don,* 126.

[57] *Ivi.*

[58] *Ibid.,* 18.

[59] *Ibid.,* 19.

[60] *Ibid.,* 183.

[61] « Si l'anti-utilitaire doit l'emporter hiérarchiquement sur l'utile, englober toute fonctionnalité, c'est parce qu'avant même de produire des biens ou des enfants, c'est d'abord le lien social qu'il importe d'édifier. Que le lien l'emporte plus que le bien, voilà ce qu'offre le don. Mais 'anti-utilitaire' ne signifie nullement an-utilitaire, inutile, gratuit (au sens de sans motif), sans raison d'être. Bien au contraire, rien n'est plus précieux que l'alliance scellée par le don puisque c'est elle qui permet le passage, toujours révocable, de la guerre à la paix et de la défiance à la confiance. C'est pourquoi il importe de rivaliser de générosité en poursuivant en somme, paradoxalement, la guerre par les moyens de la paix. » Cf. A. CAILLÉ, *Anthropologie du don* 9-10.

[62] A. CAILLÉ, *Anthropologie du don,* 19.

[63] C. PAPILLOUD - F. ADLOFF, « L'anthropologie du don d'Alain Caillé », in Revue du MAUSS permanente n°1007 [en ligne] (19-07-2013).

[64] C. PAPILLOUD - F. ADLOFF, « L'anthropologie du don d'Alain Caillé », in Revue du MAUSS permanente n°1007 [en ligne] (19-07-2013).

[65] Jacques T. GODBOUT, *Le don, la dette et l'identité. Homo donator vs. Homo oeconomicus*, (La bibliothèque du Mauss), Le Bord de l'eau, Paris 2013 ; Claude GIRAUD, *De la dette comme principe de société*, (Logiques sociales), L'Harmattan, Paris 2009.

[66] Alain Caillé distingue quatre groupes ou ensembles de lectures de l'*Essai sur le don :* « la première école est celle du *réductionnisme unilatéral.* La deuxième, à force de tirer sa logique à l'extrême contre la première débouche sur un *inexistentialisme.* La troisième, celle de *l'incomplétude du don,* tout en reconnaissant l'étiquette du don dans les systèmes de prestations totales de Mauss, démontre qu'elles ne suffisent pas en elles-mêmes et tente de montrer qu'elles peuvent se déployer à partir d'autre chose qu'elles-mêmes. La quatrième école qui se réclame de Mauss, procède à une ample relecture socio-anthropologique de l'*Essai sur le don* en voyant dans le « *don une réalité sui generis* irrapportable à autre chose qu'elle-même. » Cf. A. CAILLÉ, *Anthropologie du don,* pp.184-185.
[67] C. PAPILLOUD - F. ADLOFF, « L'anthropologie du don d'Alain Caillé », in Revue du MAUSS permanente n°1007 [en ligne] (19-07-2013).
[68] A. CAILLÉ, *Anti-utilitarisme et paradigme du don. Pour quoi ?*,40.
[69] A. CAILLÉ, *Anthropologie du don*,128.
[70] JEAN-PAUL II, Exhortation Apostolique post-synodale *Ecclesia in Africa* (14 septembre 1995), n. 112.
[71] *Ibid.,* 17.
[72] *Ibid.,* 125.
[73] A. CAILLÉ, *Anthropologie du don,* 18.
[74] « Dans sa célèbre introduction aux œuvres de Marcel Mauss, qui représente en quelque sorte un manifeste du structuralisme, Lévi-Strauss reconnaît en lui l'ancêtre et a souligné qu'il avait discerné les liens structurels de certains dons avec une totalité systémique et inauguré par là une nouvelle ère dans les sciences sociales. Mais il ajoute alors une réserve critique en lui reprochant de s'être arrêté à mi-chemin : il se serait trop concentré sur le social et sur l'enchaînement des actions individuelles, alors qu'il s'agissait de déchiffrer à travers l'analyse des mythes des formes et des structures mentales fondamentales. » Cf. C. PAPILLOUD - F. ADLOFF, « L'anthropologie du don d'Alain Caillé », Revue du MAUSS 1007 [en ligne] (19-07-2013).
[75]« L'échange de dons se caractérise pour lui en première ligne par le fait que l'on dissimule à travers lui le rapport 'réel' entre dons et contre-dons : les participants à l'économie de dons sont dans le déni concernant les motifs égoïstes de l'échange et contestent ce qui est sous-jacent, à savoir le lien très matériel entre les dons singuliers qui suivent en réalité parfaitement une logique de maximisation du profit». Cf. C. PAPILLOUD - F. ADLOFF, « L'anthropologie du don d'Alain Caillé », Revue du MAUSS 1007 [en ligne] (19-07-2013).
[76] C. PAPILLOUD - F. ADLOFF, « L'anthropologie du don d'Alain Caillé », Revue du MAUSS 1007 [en ligne] (19-07-2013).
[77] J.T. GODBOUT, *L'esprit du don*, La Découverte/Poche, Paris 2010.

[78] JEAN-PAUL II, Exhortation Apostolique post-synodale *Ecclesia in Africa* (14 septembre 1995), n.112.
[79] Cette affirmation est partiellement vraie. Mais, il faudrait la bémoliser car c'est le peuple en général et en principe qui élit ses gouvernants. D'où la conviction que chaque peuple mérite son gouvernement. Cf. G.W.F. Hegel, *Principes de la philosophie de droit.*
[80] Donald ZAGORE, « L'Évangile du Règne de Dieu et le développement humain intégral face à la lutte contre la corruption », in Antoine de Padou POODA-Valentin DABIRE (sous la direction de), *Les chantiers de la mission en Afrique francophone aujourd'hui*, Harmattan Burkina, Ouagadougou 2021.
[81] BENOÎT XVI, Exhortation apostolique post-synodale *Africae munus* (19 Novembre 2011), n.79.
[82] Stéphanie HENNETTE-VAUCHEZ et Diane ROMAN, *Droits de l'homme et libertés fondamentales*, 294-431
[83] *Ibid.,* 674-693.
[84] BENOIT XVI, Exhortation apostolique post-synodale *Africae munus* (19 novembre 2011), n. 82.
[85] J. KI-ZERBO, « Ubuntu ou « l'homme comme remède de l'homme », in *Le don de l'Afrique au monde.* Actes du Colloque organisé du 25 au 27 avril 2003 à Genève par AfrikaViva, 6.
[86] Antoine de Padou POODA, « La mission évangélisatrice au service des libertés et de la libération en Afrique », in ΘΕΟΛΟΓΙΑ 92, 3 (2021), 124.
[87] A. CAILLÉ, *Anti-utilitarisme et paradigme du don. Pour quoi* ?, 47.
[88] *Ibid.*, 48.
[89] J.F. FORTIER-F. PIZARRO NOËL, *La sociologie de A à Z*, Éditions du Renouveau Pédagogique Inc. (ERPI), Québec 2013, 94-97.
[90] *Ibid.*, 33.
[91] *Ivi.*
[92] JEAN-PAUL II, *Ecclesia in Africa*, n.111.
[93] A. CAILLÉ, *Anti-utilitarisme et paradigme du don. Pour quoi* ?, 40.
[94] J.T. GODBOUT, *Ce qui circule entre nous*, 229.
[95] A. CAILLÉ, *Anti-utilitarisme et paradigme du don. Pour quoi* ? 42.
[96] G. CARVALHO - S. DZIMIRA, *Don et économie solidaire*, MAUSS/GERFA/CRIDA, Rouen 2000,56.
[97] *Ibid.,* 71.
[98] *Ibid.*, 75.
[99] *Ecclesia in Africa*, n.44.
[100] A. CAILLÉ, *Théorie anti-utilitariste de l'action. Fragments d'une sociologie générale*, La Découverte, Paris 2009.
[101] P. DEMEULENAERE, *Homo oeconomicus. Enquête sur la constitution d'un paradigme*, Quadrige/PUF, Paris 1996.
[102] A. TESTART, *Critique du don*, pp.159–170.

[103] F. WEBER, « Vers une ethnographie des prestations sans marché », in *Essai sur le don. Introduction de Florence Weber*, Quadrige Grands Textes Edition, PUF, Paris 2007, 26-27.
[104] A. TESTART, *Critique du don,* 48.
[105] S. PETROSINO, « "Le fils" ou "Du père". Sur le don reçu »,76.
[106] A. Caillé, *Anti-utilitarisme et paradigme du don. Pour quoi* ? 11-12.
[107] A. CAILLÉ, *Anthropologie du don*, 15.
[108] J.T. GODBOUT, *Ce qui circule entre nous*, 40-41.
[109] L'axiomatique de l'intérêt est « la certitude que pour expliquer l'action sociale, qu'il s'agisse de l'action des individus ou de celle des groupes plus ou moins vastes, associations, groupes statutaires, partis, classes sociales, peuples ou États, il faut et il suffit de dévoiler les intérêts qui les commandent. C'est l'intérêt qui explique tout et il n'est pas d'autre ressort de l'action qu'intéressé. » Cf. A. CAILLÉ, *Don, intérêt et désintéressement. Bourdieu, Mauss, Platon et quelques autres*, Le Bord de l'Eau, Paris 2014, 9.
[110] J.T. GODBOUT, *Ce qui circule entre nous*, 75.
[111] Toutefois, font remarquer C. Papilloud et F. Adloff, « Ce sont nos sociétés occidentales qui ont, très récemment, fait de l'homme un animal économique' (...) *l'homo oeconomicus* n'est pas derrière nous, il est devant nous'. » C. PAPILLOUD - F. ADLOFF, « L'anthropologie du don d'Alain Caillé », in Revue du MAUSS permanente n°1007[en ligne] (19-07-2013).
[112] A. CAILLÉ, *Théorie anti-utilitariste de l'action ; fragments d'une sociologie générale*, 16.
[113] A. CAILLÉ, *Théorie anti-utilitariste de l'action ; fragments d'une sociologie générale*, 19.
[114] A. CAILLÉ, *Anthropologie du don*, 16.
[115] J.T. GODBOUT, *Ce qui circule entre nous*, 105-106.
[116] A. CAILLÉ, *Anti-utilitarisme et paradigme du don. Pour quoi* ? 57-58.
[117] FRANÇOIS, *Laudato sì* n.195.
[118] A. CAILLÉ, *Anti-utilitarisme et paradigme du don. Pour quoi* ? 61
[119] BWEMBA-BONG, « Ubuntu et Economie », in *Le don de l'Afrique au monde.* Actes du Colloque organisé du 25 au 27 avril 2003 à Genève par AfrikaViva, 42.
[120] MIKE BOON, «Ubuntu et gestion interactive », in *Le don de l'Afrique au monde.* Actes du Colloque organisé du 25 au 27 avril 2003 à Genève par AfrikaViva, 49.
[121] JEAN XXIII, *Mater et Magistra*, (15 mai 1961)
[122] V. MOSCA (a cura di), «Conclusione», in *Le Pontificie Opere Missionarie*, p. 98. (Notre traduction de l'italien en français).
[123] F. PIGEAUD-N.S. SYLLA, *L'arme invisible de la françafrique. Une histoire du franc CFA*, La Découverte, Paris 2018.
[124] *Ibid.,* 13.
[125] JEAN-PAUL II, *Ecclesia in Africa*, n. 43.

[126] BENOÎT XVI, Lettre encyclique *Caritas in veritate* (29 juin 2009) ; G. CARVALHO - S. DZIMIRA, *Don et économie solidaire*, MAUSS/GERFA/CRIDA, Rouen 2000.
[127] G. CARVALHO – S. DZIMIRA, *Don et économie solidaire,* 15.
[128] JEAN-PAUL II, *Ecclesia in Africa*, n.138.
[129] J. KI-ZERBO, « Ubuntu ou l'homme comme remède de l'homme », in *Le don de l'Afrique au monde.* Actes du Colloque organisé du 25 au 27 avril 2003 à Genève par AfrikaViva, 8.
[130] M. MAUSS, *Essai sur le don,* (Introduction de F. Weber), 179-240.
[131] M. MAUSS, *Essai sur le don*, 273 in G. CARVALHO - S. DZIMIRA, *Don et économie solidaire,*3.
[132] Les Lobi sont un peuple de l'Afrique occidentale. Avec les Birifor, Dian, Dagara, etc., ils constituent le « Rameau lobi », une communauté de peuples présents au sud-ouest du Burkina Faso, au nord-ouest du Ghana et au nord-est de la Côte-d'Ivoire.
[133] C. DE ROUVILLE, *Organisation sociale des Lobi*, p. 33.
[134]M. PÈRE, *Les Lobi. Tradition et changement*, T.I, 308.
[135] Les Lobi sont un peuple de l'Afrique occidentale. Avec les Birifor, Dian, Dagara, etc., ils constituent le « Rameau lobi », une communauté de peuples présents au sud-ouest du Burkina Faso, au nord-ouest du Ghana et au nord-est de la Côte-d'Ivoire.
[136] M. Père témoigne que « Les marchés, favorisés par la sécurité retrouvée, sont des lieux privilégiés de rencontre, d'informations, d'échanges divers où se manifeste la joie de vivre, ce qui donne à leur fonction sociale une dimension au moins aussi importante que celle de leur fonction économique ou religieuse. Les marchés, en tout cas, sont devenus les lieux favoris et irremplaçables des relations interlignagères et intervillageoises ». Cf. M. PÈRE, *Les Lobi. Tradition et changement*, T.I, 309.
[137] « Du point de vue économique, c'est là que s'effectuent tous les cinq jours […] le plus gros des transactions : vente de produits vivriers, différents selon les régions, de produits d'élevage et de cueillette, de bière de mil et d'objets d'artisanat (surtout vannerie et poterie), selon les productions locales propres à chaque village ». Cf. M. PÈRE, *Les Lobi. Tradition et changement*, T.I, 309.
[138] « Le marché, *yàa*, est un lieu quasi sacré et un jour de trêve dans les querelles et les conflits entre les divers lignages. Les armes, carquois et flèches sont déposés auprès de l'autel du marché, *yàthìl*. Souvent, les trois jours dits de « préparation », qui précèdent étaient déclarés « jours saints » et on n'avait pas le droit de se battre, ces jours-là, sur le territoire du marché. C'est une trêve non négligeable, si l'on tient compte de la fréquence des marchés, tous les cinq jours, et de leur répartition géographique assez dense […] La plupart du temps, les rites religieux ou funéraires se font en fonction des marchés : danse *de bì-ir*, rentrée des

jòrbé, fin du *bùur, bobùur*, etc. ». Cf. M. PÈRE, *Les Lobi. Tradition et changement*, T.I, 309.
[139] G. CARVALHO - S. DZIMIRA, *Op. cit.*, 20.
[140] J. KI-ZERBO, *Op.cit.*, 8.
[141] C. PAPILLOUD - F. ADLOFF, « L'anthropologie du don d'Alain Caillé », in Revue du MAUSS permanente n°1007 [en ligne] (19-07 2013).
[142] A. CAILLÉ, *Anthropologie du don*, 52-53.
[143] J.L. MARION, *Étant donné*, 160.
[144] A. CAILLÉ, *Théorie anti-utilitariste de l'action ; fragments d'une sociologie générale*, 149.
[145] A. CAILLÉ, *Anthropologie du don*, 101–102.
[146] G. CARVALHO - S. DZIMIRA, *Op.cit.*,64.
[147] Jacques NGOL, « Le pape François pour une économie au service de l'humain », in Vatican News [21-10-2022]
[148] *Ibid.*
[149] Alain DULUC, *Leadership et confiance*, Dunod, Paris 2013(3e), 170.
[150] *Ibid.*, 171.
[151] *Ibid.*, 173.
[152] *Ibid.,* 176.
[153] C. DABIRÉ, *L'homme comme relation*, Laval 1983, 555.
[154] A. CAILLÉ, *Anti-utilitarisme et paradigme du don. Pour quoi ?*, 48-49.
[155] P. GILBERT, « Donner », 33-34.
[156] J. KI-ZERBO, *Op. cit.*, 9.
[157] M. MAUSS, *Essai sur le don*, p.89.
[158] JEAN XXIII, *Mater et magistra* (15 mai 1961).
[159] FRANÇOIS, *Laudato sì* n.189.
[160] G. CARVALHO - S. DZIMIRA, *Op. cit.,* 20-26.
[161] M. BOON, *Op.cit.,* 50.
[162] J.T. GODBOUT, *Ce qui circule entre nous*, 156-157.
[163] R.D. LUPTON, *Toxic Charity*, 139.
[164] Robert G. KENNEDY, *Le bien que font les affaires*, Smashwords Edition, Grand Rapids 2012, 50 (Version française inédite).
[165] S. CORBETT - B. FIKKERT - D. PLATT, *When Helping Hurts*, 122.
[166] *Ibid.*, 120.
[167] A. CAILLÉ, *Anti-utilitarisme et paradigme du don. Pour quoi ?*, 50.
[168] S. CORBETT - B. FIKKERT - D. PLATT, *When Helping Hurts*, 141.
[169] JEAN-PAUL II, *Ecclesia in Africa* n.113
[170] R.G. KENNEDY, *Le bien que font les affaires*, 38 (Version française inédite).
[171] BENOÎT XVI, Lettre encyclique *Deus caritas est* (25-12-2005), n°25.
[172] G.L. CARDINAL, *Construire la confiance*, 151.
[173] G.L. CARDINAL et al., *La dynamique de la confiance*, 132.
[174] J.T. GODBOUT, *Ce qui circule entre nous*, 127.

[175] A. TESTART, *Critique du don*, 99.
[176] A. TESTART, *Critique du don*, 101.
[177] S. LATOUCHE, *L'Occidentalisation du monde*, La Découverte, Paris 1992, 68.
[178] V. MOSCA (a cura di), «Conclusione», in *Le Pontificie Opere Missionarie, storia, legislazione, prassi*, Quaderni di ius missionalis 1, Urbaniana University Press, Città del Vaticano 2012, 99.
[179] C. PAPILLOUD - F. ADLOFF, « L'anthropologie du don d'Alain Caillé », in Revue du MAUSS permanente n°1007 [en ligne] (19-07-2013)
[180] J. KI-ZERBO, *Ubuntu*, 9.
[181] J.T. GODBOUT, *Ce qui circule entre nous*, 200.
[182] R. BRAGLIA, *L'Africa a due mani. Non c'è missione senza cooperazione. Sdegno e passioni di una missionaria laica*, EMI, Bologna 2010.
[183] S. RICOSSA, *I pericoli della solidarietà*, Rubbettino Editore, Milano 2014.
[184] J. KI-ZERBO, *Ubuntu*, 10.
[185] G. L. CARDINAL, *Construire la confiance*, 28-29.
[186] A. CAILLÉ, *Anti-utilitarisme et paradigme du don. Pour quoi* ? 52
[187] M. BOON, « Ubuntu et gestion interactive », 51.
[188] Alain DULUC, *Leadership et confiance*, Dunod, Paris 2013(3^{e}), 151-156.
[189] *Ibid.*, 119.
[190] G.L. CARDINAL et al., *La dynamique de la confiance,* 76.
[191] *Ibid.*, 214.
[192] *Ibid.,* 43.
[193] G.L. CARDINAL et al., *La dynamique de la confiance,* 76.
[194] G.L. CARDINAL, *Construire la confiance,*200.
[195] A. DULUC, *op.cit.,* 144-149.
[196] G.L. CARDINAL et al., *La dynamique de la confiance : Construire la coopération dans les projets complexes*, Dunod, Paris 1997, 78.
[197] G.L. CARDINAL et al., *La dynamique de la confiance*, 176.
[198] A. DULUC, *op.cit.*, 158-161.
[199] COLLECTIF, *Manifeste convivialiste. Déclaration d'interdépendance*, Le Bord de l'Eau, Paris 2013, 25.
[200] *Ibid.*, 14.
[201] A. CAILLÉ et P. CHANIAL, « Présentation », in Revue du MAUSS, *Du convivialisme comme volonté et comme espérance*, 11.
[202] A. CAILLÉ, « Vers le convivialisme », in *De la convivialité*, 21.
[203] M. HUMBERT, « Introduction », in *De la convivialité*, 11.
[204] P. FREMEAUX, « La lutte contre les inégalités, un objectif et une méthode », in *Du convivialisme comme volonté et comme espérance*, 33.
[205] *Ibid.*, 34.
[206] ANONYME, *Tous pour chacun, chacun pour tous. Société égalitaire et*

fraternelle. Les Unitaires, Hachette Livre-BNF 2013.
[207] M. BOON, « Ubuntu et gestion interactive », 50.
[208] Claude GIRAUD*, De la dette comme principe de société*, L'Harmattan, Paris 2009.
[209] JEAN-PAUL II, *Ecclesia in Africa* n°120.
[210] BENOÎT XVI, *Africae munus*, n°86.
[211]C. GIRAUD, *De la dette comme principe de société*, L'Harmattan, Paris 2009, 13.
[212] « La dette est d'abord reconnaissance d'une obligation issue d'une action ou un état de fait passé dont il convient de corriger ou de récompenser les effets, aujourd'hui ou à l'avenir ». Cf. C. GIRAUD, *Op. cit.,* 26.
[213] *Ibid.*, 17.
[214] J.T. GODBOUT, *Ce qui circule entre nous*, 168.
[215] A. CAILLÉ, *Anti-utilitarisme et paradigme du don. Pour quoi* ? 52
[216] A. CAILLÉ, *Anthropologie du don*, 131; 48-49
[217] C. GIRAUD, *De la dette comme principe de société*, 266.
[218] L'expression idiomatique lobi pour parler du remboursement de la dette est éloquente à ce sujet : *a lim hél*, détacher la dette, comme on défait un nœud. Être en dette, c'est être en état de lien, de dépendance.
[219] C. GIRAUD, *De la dette comme principe de société*, 23.
[220] Antonello GIANNOTTI, L'economia che non uccide, Edizioni Saletta dell'Uva, Caserta 2021.
[221] Robert G. KENNEDY, *Le bien que font les affaires*, 49 (version française inédite).
[222] R.D. LUPTON, *Toxic Charity: How Churches and Charities Hurt Those They Help, And How to Reverse It*, HarperOne, New York, NY 2012, 129.
[223] A. CAILLÉ, *Anti-utilitarisme et paradigme du don. Pour quoi ?*, 54.
[224] J.T. GODBOUT, *Ce qui circule entre nous*,187;195.
[225] I. DE SANDRE, «Conoscere, decidere, valutare: insieme», *Credere Oggi* 2/200 (2014), pp.97-107;103. (Notre traduction de l'italien).
[226] *Ecclesia in Africa* n.40.
[227] BENOÎT XVI, *Africae munus* 177.
[228] PAUL VI, Lettre encyclique *Populorum progressio* (26-03-1967), n. 87.
[229] M. BERRARD, « Préface », in G. L. CARDINAL et al., *La dynamique de la confiance*, VI.
[230]J. GODBOUT, *L'esprit du don*, 295.
[231] S. CORBETT - B. FIKKERT - D. PLATT, *When Helping Hurts*, 120-121.
[232] *Ibid.*,59
[233] A. CAILLÉ, « Vers le convivialisme », in *De la convivialité*, 20.
[234] A. CAILLÉ, *Anthropologie du don*, 133.
[235] A. CAILLÉ, *Anthropologie du don*, 9-10.
[236] Marie-Noëlle ANDERSON, « Bienvenue », in *Le don de l'Afrique au*

monde. Actes du Colloque organisé du 25 au 27 avril 2003 à Genève par AfrikaViva,3.

[237] J. KI-ZERBO, « Ubuntu ou « l'homme comme remède de l'homme », in *Le don de l'Afrique au monde*. Actes du Colloque organisé du 25 au 27 avril 2003 à Genève par AfrikaViva, 5.

[238] Desmond TUTU cité par J.-B. NOZIPHO « Ubuntu et Education », in *Le don de l'Afrique au monde,* 13.

[239] Bwemba-BONG, « Ubuntu et Economie », in *Le don de l'Afrique au monde*, 38.

[240] *Ibid*., 40.

[241] J.T. GODBOUT, *Ce qui circule entre nous : Donner, recevoir, rendre*, Seuil 2011, 352.

[242] C. GENEVIÈVE, *Peut-on donner sans condition ?*, Bayard Centurion, Montrouge 2010, p. 53.

[243] Ivan ILLICH, *La convivialité*, Seuil, Paris 1973 ; Revue du MAUSS n. 43, *Du convivialisme comme volonté et comme espérance*, La Découverte, Paris 2014.

[244] J. KI-ZERBO, *Ubuntu*, 11

[245] Jacques T. GODBOUT, *Ce qui circule entre nous. Donner, recevoir, rendre*, Seuil, Paris 2007.

[246] A. CAILLÉ, *Anti-utilitarisme et paradigme du don. Pour quoi* ?, 102.

[247] Elena PULCINI, «Care e convivialisme. Un commentaire du Manifeste convivialiste », in *Du convivialisme comme volonté et comme espérance*, La Découverte Revue du MAUSS Paris 2014, 42.

[248] BENOÎT XVI, *Africae munus*, n°134.

[249] J.B. NOZIPHO « Ubuntu et Education », in *Le don de l'Afrique au monde,* 14.

BIBLIOGRAPHIE

ALTER Norbert, *Donner et prendre. La coopération en entreprise*, La Découverte/Poche, Paris 2009, 2010.

ANDERSON Marie-Noëlle, « Bienvenue », in *Le don de l'Afrique au monde*. Actes du Colloque organisé du 25 au 27 avril 2003 à Genève par AfrikaViva (Inédit).

ANONYME, *Tous pour chacun, chacun pour tous. Société égalitaire et fraternelle*. Les Unitaires, Hachette Livre-BNF, 2013.

BENOÎT XVI, Lettre encyclique *Caritas in veritate* (29 juin 2009).

CAILLÉ Alain, *Anthropologie du don*, La Découverte, Paris 2007.

—, *Théorie anti-utilitariste de l'action ; fragments d'une sociologie générale*, La Découverte, Paris 2009.

—, *Don, intérêt et désintéressement. Bourdieu, Mauss, Platon et quelques autres*, Le Bord de l'Eau, Paris 1994.

—, *Théorie anti-utilitariste de l'action. Fragments d'une sociologie générale*, La Découverte, Paris 2009.

CAILLÉ Alain - GRÉSY Jean-Edouard, *La révolution du don. Le management repensé à la lumière de l'anthropologie*, Seuil Paris 2014.

CARDINAL Gilles, *Construire la confiance. De l'utopie à la réalité. La PAT - Miroir Attitude*, Collection "Théories du possible", Presses Universitaires de Sainte Gemme, Paris 2014.

CARDINAL Gilles le - GUYONNET Jean-François - POUZOULLIC Bruno, *La dynamique de la confiance : Construire la coopération dans les projets complexes*, Dunod, Paris 1997.

CARVALHO Genauto - DZIMIRA Sylvain, *Don et économie solidaire*, MAUSS/GERFA/CRIDA, Rouen 2000.

COLLECTIF, *Manifeste convivialiste. Déclaration d'interdépendance*, Le Bord de l'Eau, Paris 2013.

CORBETT S. - FIKKERT B. - PLATT D., *When Helping Hurts. How to Alleviate Poverty Without Hurting the Poor and Yourself*, Moody Publishers, Chicago, IL 2012.

COUCHAERE Marie-Josée, *Favoriser le travail en équipe par la coopération. Les clés pour réussir ensemble*, ESF 2011.

DEMEULENAERE Pierre, *Homo oeconomicus. Enquête sur la constitution d'un paradigme*, Quadrige/PUF, Paris 1996.

DULUC Alain, *Leadership et confiance*, Dunod Paris 2013.

FAVREAU Louis - FRÉCHETTE Lucie - LACHAPELLE René, *Coopération Nord-Sud et développement. Le défi de la réciprocité*, 2008.

FORTIER Jean-François - PIZARRO NOËL François, *La sociologie de A à Z*, Éditions du Renouveau Pédagogique Inc. (ERPI), Québec 2013.

FRANÇOIS, *Humanam progressionem*, Motu Proprio pour l'institution

du dicastère pour le service du développement humain intégral, 17 aout 2016.
FUMAGALLI C. « Instruments de travail », in *Le Don. Amitié et paternité*, (Donner raison 13), Lessius, Bruxelles 2003.
GILBERT Petrosino, «Donner», in *Le Don. Amitié et paternité*, (Donner raison 13), Lessius, Bruxelles 2003.
GIRAUD Claude, *De la dette comme principe de société*, (Logiques sociales), L'Harmattan, Paris 2009.
GODBOUT J.T, *Ce qui circule entre nous. Donner, recevoir, rendre*, Seuil, Paris 2007.
—, *Le don, la dette et l'identité. Homo donator vs. Homo oeconomicus*, (La bibliothèque du Mauss), Le Bord de l'eau, Paris 2013
—, *L'esprit du don*, La Découverte/Poche, Paris 2010
GODELIER Maurice, *L'énigme du don*, Champs essai, Paris 2010
JEAN XXIII, *Mater et Magistra*, (15 mai 1961).
KI-ZERBO Joseph, « Ubuntu ou « l'homme comme remède de l'homme », in *Le don de l'Afrique au monde*. Actes du Colloque organisé du 25 au 27 avril 2003 à Genève par AfrikaViva.
ILLICH Ivan, *La convivialité*, Seuil, Paris 1973.
LUPTON R.D., *Toxic Charity, How Churches and Charities Hurt Those They Help, And How to Reverse It*, Harper One, New York, NY 2012.
PAPILLOUD C. - ADLOFF F., « L'anthropologie du don d'Alain Caillé », in Revue du MAUSS permanente n°1007 [en ligne] (19-07-2013).
PÈRE Madeleine, *Les Lobi. Tradition et changement*, T.I, II, Siloé, Laval Cedex 1988.
PIGEAUD Fanny-NDONGO Samba Sylla, *L'arme invisible de la françafrique. Une histoire du franc CFA*, La Découverte, Paris 2018.
POODA Antoine de Padou, « La mission évangélisatrice au service des libertés et de la libération en Afrique », in ΘΕΟΛΟΓΙΑ 92, 3 (2021).
—, *Le don de la mission et la mission du don. Essai sur un paradigme missionnaire de l'Eglise-Famille de Dieu au Burkina Faso*, L'Harmattan, Paris 2018.
—, « The gift of Africa », in Cyrille KONE-Matthias KAUFMANN (eds.), *Africa In-The-World*, Peter Lang, Berlin 2021.
TESTART Alain, *Critique du don. Étude sur la circulation non marchande*, Syllepse, Paris 2007.
Revue du MAUSS n.43, *Du convivialisme comme volonté et comme espérance*, La Découverte, Paris 2014.
ROUVILLE Cécile de, *Organisation sociale des Lobi, une société bilinéaire du Burkina Faso et de Côte-d'Ivoire*, L'Harmattan, Paris 1987.

www.ingramcontent.com/pod-product-compliance
Lightning Source LLC
LaVergne TN
LVHW051407061026
849535LV00009B/3407
* 9 7 8 2 1 4 0 3 5 0 4 4 3 *